Derya Akdag

Schutz des ungeborenen Lebens im Lichte europäischer Grund- und Menschenrechte

Eine menschenrechtliche Würdigung der Embryonenforschung und der Patentierbarkeit embryonaler Stammzellen

Bibliografische Information der Deutschen Nationalbibliothek:

Die Deutsche Nationalbibliothek verzeichnet diese Publikation in der Deutschen Nationalbibliografie; detaillierte bibliografische Daten sind im Internet über http://dnb.d-nb.de abrufbar.

Impressum:

Copyright © Studylab 2019

Ein Imprint der Open Publishing GmbH, München

Druck und Bindung: Books on Demand GmbH, Norderstedt, Germany

Coverbild: Open Publishing GmbH | Freepik.com | Flaticon.com | ei8htz

Inhaltsverzeichnis

Abkürzungsverzeichnis IV

Vorwort VI

1 Einführung 1

2 Völkerrechtliche Fundamente des Schutzes von Embryonen und embryonaler Stammzellen 4

   2.1 Anwendbarkeit menschenrechtlicher Instrumente auf das ungeborene Leben 4

   2.2 Grund- und Menschenrechte nach der GRC und der EMRK 5

   2.3 Menschenrechtliche Gewährleistungen der Oviedo Konvention 17

   2.4 (In)effektiver Schutz von Embryonen bzw. embryonaler Stammzellen durch Europäische Grund- und Menschenrechte 23

3 Kollision des Embryonenschutzes mit der Forschungsfreiheit auf europäischer Ebene 26

   3.1 Sekundärrechtlicher Embryonenschutz vs. sekundärrechtlich erlaubte Eingriffe ... 26

   3.2 Gewährleistung der Forschungsfreiheit in Europa 28

   3.3 Zulässige Embryonenforschungsprogramme innerhalb der EU 30

   3.4 Kollidierende Grundrechte der Embryonen mit der Forschungsfreiheit: Pro-Embryonenschutz oder Pro-Embryonenforschung? 34

4 Patentierbarkeit embryonaler Stammzellerfindungen und ihre Kompatibilität mit den Menschenrechten 36

   4.1 Unionsrechtlich maßgebliche Voraussetzungen des TRIPS-Abkommens bzgl. der Patentierbarkeit embryonaler Stammzellen 36

   4.2 Patentierung embryonaler Stammzellerfindungen im Rahmen der Biopatent-Richtlinie (RL 98/44/EG) 38

   4.3 Schutz embryonaler Stammzellerfindungen im Europäischen Patentübereinkommen 45

   4.4 Vereinbarkeit der Patentierung embryonaler Stammzellen mit den Menschenrechten 48

5 Gesamtwürdigung 50

Literaturverzeichnis 52

Abkürzungsverzeichnis

a.A.	andere(r) Ansicht
ABl.	Amtsblatt
AEUV	Vertrag über die Arbeitsweise der Europäischen Union
Art.	Artikel
BMJ	Bundesministerium der Justiz
BMK	Biomedizin-Konvention
BRD	Bundesrepublik Deutschland
bzgl.	bezüglich
ders.	derselbe
e.A.	eine(r) Ansicht
EG	Europäische Gemeinschaften
EGMR	Europäischer Gerichtshof für Menschenrechte
EKMR	Europäische Kommission für Menschenrechte
EMRK	Konvention zum Schutze der Menschenrechte und Grundfreiheiten
Entsch.	Entscheidung
EPA	Europäisches Patentamt
EPÜ	Übereinkommen über die Erteilung europäischer Patente
et al.	*et alia*
etc.	*et cetera*
EU	Europäische Union
EuGH	Gerichtshof der Europäischen Union
Fn	Fußnote
GG	Grundgesetz (der BRD)
ggf.	gegebenenfalls
GRC	Charta der Grundrechte der Europäischen Union
grds.	grundsätzlich

h.M.	herrschende Meinung
Hrsg.	Herausgeber
i.S.d.	im Sinne der/des
i.S.e.	im Sinne eine(r)/(s)
i.S.v.	im Sinne von
i.V.m.	in Verbindung mit
lit.	*littera*
LL.M.	*legum magistra*
PID	Präimplantationsdiagnostik
RL	Richtlinie
S.	Satz
TRIPS	Agreement on Trade-Related Aspects of Intellectual Property Rights
UA	Unterabsatz
v.	von
v.a.	vor allem
VO	Verordnung
vs.	versus

Vorwort

Die vorliegende Masterarbeit ist im Sommersemester 2018 am Europa-Institut im Rahmen des Programmes zur Erlangung des akademischen Grades LL.M. verfasst worden.

Zunächst möchte ich herzlich Frau Prof. Dr. D.R. dafür danken, dass sie mir die Gelegenheit gegeben hat, über solch ein komplexes Thema eine Abhandlung zu schreiben und mich in diesem Rahmen auch sehr gut betreute. Auch für wesentliche Gedankengänge während meiner Recherche bin ich ihr sehr dankbar.

Ein besonderer Dank geht an meine ältere Schwester, die mich in jeder Etappe meines Lebens motiviert hat und für mich schon immer sehr vorbildlich gewesen ist.

Ferner danke ich meinen Eltern und meinem langjährigen Freund, die mich zu jeder Zeit ermutigt haben, niemals aufzugeben und immer Fortschritte zu erzielen.

Mein letzter Dank geht an die Mutter meines Freundes, die mir im Kontext dieser Masterarbeit bei der medizinischen Komponente durch ihr medizinisches Fachwissen sehr geholfen hat, da ich mich bis zu diesem Zeitpunkt noch nie mit der Embryonenforschung so spezifisch beschäftigt habe.

Auch allen anderen Freunden und Bekannten, die ich hier nicht explizit erwähnt habe, danke ich für ihre Unterstützung.

1 Einführung

In den Medien, der Literatur und der Realität erscheint der Begriff des ungeborenen Lebens nicht selten. Journalisten schreiben des Öfteren darüber, ob der Mensch Gott spielen darf und philosophieren über das Menschsein.[1] Aber was bedeutet eigentlich ungeborenes Leben und ab wann beginnt der menschenrechtliche Schutz? Die Entwicklung eines Menschen beginnt mit der Befruchtung, folglich mit der Verschmelzung von zwei Gameten.[2] Innerhalb des Entwicklungszyklus des ungeborenen Lebens bis zur Geburt können grob vier Stadien unterschieden werden: befruchtete Eizelle, Blastozyste (grobe Aufgabenverteilung unter den Zellen), Embryo (Einnistung in den Uterus und Entstehung von Organen) sowie Fetus (Entwicklung der Organe bis zur Geburt).[3] Es ist auch möglich, das ungeborene Leben lediglich in zwei Phasen zu unterteilen: präembryonale Phase sowie Embryonalstadium; dabei soll der ‚Präembryo' ein Wesen darstellen, das dem Embryo vorgeht, selbst aber kein Embryo ist.[4]

Unabhängig davon, welche der Differenzierungen der Entwicklungsphasen bevorzugt werden, bedürfen biologische Fakten moralisch und rechtlich der Auslegung.[5] Nach *Jan Timke*[6] ist eine Differenzierung zwischen dem Embryonenbegriff und dem Embryonenschutz vorzunehmen, da die konkrete Bezeichnung eines Entwicklungsstadiums noch nichts über den rechtlichen Schutz dieses Stadiums offenbare. In der Literatur existieren mehrere Ansichten bzgl. der Menschenwürde des ungeborenen Lebens, auf die in den relevanten Passagen vorliegend eingegangen wird. Darüber hinaus ist es ebenso fraglich, ob ein künstlich erzeugter menschlicher Embryo schützenswerter ist als ein natürlich erzeugter menschlicher Embryo. An dieser Stelle kann schon festgehalten werden, dass die Abhängigkeit von günstigen

---

[1] *Müller-Jung*, Wir blicken auf das Leben an seinen Fäden, FAZ Nr. 160 v. 13.7.18, 9; *Raue*, Der Mensch spielt Gott; Welt am Sonntag: Darf der Mensch Gott spielen?
[2] *Broman*, Die Entwicklung des Menschen vor der Geburt, 1; *Dietrich/Hiiragi*, Vom Ei zum Embryo, 1.
[3] vgl. u.a. *Dietrich/Hiiragi*, Vom Ei zum Embryo, 2 f.; *Lütjen-Drecoll/Rohen*, Funktionelle Embryologie, 1.
[4] *Heinemann*, in: Heinemann/Kersten (Hrsg.), Stammzellforschung, 19 (21); *Rager*, in: Holderegger/Pahud de Mortanges (Hrsg.), Embryonenforschung, Embryonenverbrauch und Stammzellforschung, 11; vgl. für detaillierte Schilderung in: *Fritsch et al.*, in: Toth (Hrsg.), Fehlgeburten Totgeburten Frühgeburten, 19 (19 ff.).
[5] *Rolf*, Deutsches Ärzteblatt 107 (2010), A-438 (A-440); *Bobsien*, Mensch-Tier-Hybride, 49.
[6] *Timke*, Patentierung embryonaler Stammzellen, 40.

Voraussetzungen in der Umgebung für das Weiterleben eines Embryos nichts an der Qualität des betroffenen Wesens ändert und dies dementsprechend keine Basis für den rechtlichen Schutzanspruch sein kann.[7] Hierbei ist es wiederum fraglich, bis zu welchem Maß eine erlaubte, menschenwürdige und rechtskonforme Behandlung des ungeborenen Lebens reicht. Es muss bedacht werden, dass embryonale Stammzellen als solche noch keine Embryonen darstellen.[8] Aber gerade weil embryonale Stammzellen die Beschaffenheit haben, sich in alle somatischen Zelltypen aufzugliedern, d.h. sämtliche, den Körper betreffende Zellen zu kreieren, und sich nahezu unbegrenzt zu teilen, erscheinen sie sehr attraktiv für die Stammzellforschung.[9] Die Praktiken und Forschungsansätze, welche die Grund- und Menschenrechte der Embryonen betreffen, werden im Folgenden näher erläutert und rechtlich betrachtet. *Urban Wiesing*[10] betont hierzu, dass die politische Aufgabe darin bestehe, juristische Regelungen zu finden, die einerseits die Toleranz der Gegenpartei einfordern, ohne sie zu überfordern, und die andererseits untereinander ein gewisses Maß an Konsistenz für sich beanspruchen können.

Der Schutz des ungeborenen Lebens im Lichte der europäischen Grund- und Menschenrechte ist ein sehr weitreichendes Rechtsgebiet. Im Rahmen dieser Masterarbeit werden daher lediglich folgende Teilgebiete der Biomedizin im Blickfeld europäischer Grund- und Menschenrechte zentralisiert, um einen erfassbaren Überblick zu erhalten: Im ersten Teil wird zunächst die Kompatibilität der Menschenrechte mit den Praktiken in der Embryonenforschung ausgeführt. Der zweite Teil beinhaltet verschiedene Forschungsprogramme und ihre Voraussetzungen. Der letzte Teil umfasst die Vereinbarkeit der Patentierung von embryonalen Stammzellen mit den Menschenrechten und die damit zusammenhängenden Probleme. Dabei ist anzumerken, dass die vorliegenden Teilgebiete mittels der Charta der Grundrechte der Europäischen Union (GRC)[11], des Sekundärrechts, der Konvention

---

[7] *Beckmann*, Deutsches Ärzteblatt 98 (2001), A-902 (A-903).
[8] *Timke*, Patentierung embryonaler Stammzellen, 33.
[9] *Brüstle/Nolden*, Bundesgesundheitsblatt 2008, 1026 (1026); vgl. *Bobsien*, Mensch-Tier-Hybride, 50.
[10] *Wiesing*, Deutsches Ärzteblatt 96 (1999), A-3136 (A-3166).
[11] Charta der Grundrechte der Europäischen Union (konsolidierte Fassung) ABl. der EU C 202 vom 7.6.2016, 389 ff.

zum Schutze der Menschenrechte und Grundfreiheiten (EMRK)[12] und speziellerer Abkommen des Europarats analysiert werden.

---

[12] Convention for the Protection of Human Rights and Fundamental Freedoms, in Rom am 4.11.1950, European Treaty Series No. 5.

2 Völkerrechtliche Fundamente des Schutzes von Embryonen und embryonaler Stammzellen

Fraglich ist, ob menschenrechtliche Instrumente überhaupt auf das ungeborene Leben anwendbar sind (I). Nach Klärung dieser Frage werden die in der GRC und der EMRK verankerten Rechte analysiert (II). Sodann wird auf die Biomedizin-Konvention (BMK)[13] des Europarates als ein spezieller völkerrechtlicher Vertrag eingegangen (III). Letztlich wird diskutiert, ob ein effektiver Embryonenschutz auf europäischer Ebene vorliegt (IV).

2.1 Anwendbarkeit menschenrechtlicher Instrumente auf das ungeborene Leben

Zunächst ist zu erwähnen, dass die EU nach dem Prinzip der begrenzten Einzelermächtigung (Art. 5 II EUV[14]) über keine Befugnis zur Gewinnung und Verwendung embryonaler Stammzellen verfügt.[15] Auch generell im medizinischen Bereich hat sie wenig unmittelbare Kompetenzen.[16] Darüber hinaus folgt aus dem Wortlaut von Art. 6 I UA 2 EUV, dass die in den Verträgen festgelegten Zuständigkeiten der EU durch die Bestimmungen der GRC in keiner Weise erweitert werden, auch wenn die EU gemäß Art. 6 I UA 1 EUV an die GRC gebunden ist. Nichtsdestotrotz hat sich der Unionsgesetzgeber in der Präambel der GRC auf die „gemeinsamen Werte" (dritter Absatz) und die „gemeinsamen Verfassungstraditionen" (fünfter Absatz) gestützt.[17] Demnach stellt sich die Frage, ob in den Mitgliedstaaten dem ungeborenen Leben menschenrechtlicher Schutz gewährt wird. Zwar wird europaweit die Menschenwürde bzgl. der Embryonen sehr häufig betont, allerdings hat die Menschenwürde in diesem Kontext vielmehr eine ethische Bedeutung.[18] Der Grund dafür ist, dass in den meisten Mitgliedstaaten der Schutz dieser Würde nicht als

---

[13] Convention for the Protection of Human Rights and Dignity of the Human Being with regard to the Application of Biology and Medicine: Convention on Human Rights and Biomedicine, in Oviedo am 4.4.1997, European Treaty Series No. 164.
[14] Vertrag über die Europäische Union (konsolidierte Fassung), ABl. der EU C 202 vom 7.6.2016, 13 ff.
[15] *Timke*, Patentierung embryonaler Stammzellen, 151; *Wallau*, Menschenwürde in der Grundrechtsordnung der EU, 194.
[16] *Müller-Terpitz*, in: *Spickhoff* (Hrsg.), Medizinrecht, Art. 35 GRC, Rn 3, 47.
[17] *Timke*, Patentierung embryonaler Stammzellen, 174.
[18] *Wallau*, Menschenwürde in der Grundrechtsordnung der EU, 207.

eigenständiges Grundrecht verankert ist.[19] Während in Frankreich und Griechenland nur ein „objektiv-rechtlicher Würdeschutz des ungeborenen Lebens"[20] existiert, wird in der BRD[21] das ungeborene Leben jedenfalls ab der Nidation, d.h. der Einnistung in den Uterus, Würdeträger gemäß Art. 1 I GG. Im Umkehrschluss kann festgehalten werden, dass die Embryonen lediglich einen Grundrechtsschutz mittels der GRC auf Unionsebene genießen können, soweit sie jenen Schutz auch in dem betreffenden Mitgliedstaat gewährt bekommen.[22] Nach dem Wortlaut von Art. 6 III EUV gelten Grundrechte, die in der EMRK niedergeschrieben sind, sowie gemeinsame Verfassungsüberlieferungen als allgemeine Grundsätze im Rahmen des Unionsrechts. Daraus kann geschlossen werden, dass die Mitgliedstaaten die EMRK ebenso als Teil des Unionsrechts zu berücksichtigen haben. Auch der EuGH hat in seinem „Schmidberger"[23]-Urteil angedeutet, dass die EMRK als Rechtserkenntnisquelle bei der Konkretisierung ungeschriebener allgemeiner Rechtsgrundsätze zu beachten sei.[24] Dagegen ist die BMK eine spezielle völkerrechtliche Konvention, der die EU nicht beigetreten ist.[25] Dieser explizit auf Embryonen ausgeweitete Vertrag wird als ‚Evolution' der EMRK betrachtet.[26] Somit existieren verschiedene Instrumente, die direkt oder indirekt den Schutz des werdenden Lebens verkörpern.

2.2 Grund- und Menschenrechte nach der GRC und der EMRK

In diesem Rahmen wird zunächst der Menschenwürdebegriff präzisiert (1). Anschließend wird die umstrittene Frage geklärt, ob das ungeborene Leben überhaupt ein Recht auf Leben hat (2). Dabei werden auch die Rechtsprechung des EGMR (3) und die Entscheidungen der ehemaligen Europäischen Kommission für Menschenrechte (EKMR) (4) zentralisiert.

---

[19] ders.; vgl. *Petersen/Vöneky*, EuR 2006, 340 (352).
[20] *Wallau*, Menschenwürde in der Grundrechtsordnung der EU, 209.
[21] BVerfG, Urt. v. 25.2.1975, 1 BvF 1, 2, 3, 4, 5, 6/74, BVerfGE 39, 1 (41); BVerfG, Urt. v. 28.5.1993, 2 BvF 2/90 und 4, 5/92, BVerfGE 88, 203 (251 f.); *Benda*, NJW 2001, 2147 (2147 f.).
[22] vgl. *Timke*, Patentierung embryonaler Stammzellen, 174.
[23] EuGH, Urt. v. 12.6.2003, Rs. C-112/00, Schmidberger, ECLI:EU:C:2003:333, Rn 72 f.; vgl. u.a. auch EuGH, Urt. v. 22.11.2005, C-144/04, Mangold, ECLI:EU:C:2005:709, Rn 74.
[24] *Ekardt/Kornack*, ZEuS 2010, 111 (119 ff.); *Müller-Terpitz*, in: Spickhoff (Hrsg.), Medizinrecht, Art. 35 GRC, Rn 46.
[25] *Brewe*, Embryonenschutz und Stammzellgesetz, 276; *Timke*, Patentierung embryonaler Stammzellen, 162.
[26] *Starck*, EuR 2006, 1 (7 f.).

2.2.1 Menschenwürde einer Leibesfrucht - ein Vergleich zwischen der GRC und der EMRK

Der Menschenwürdebegriff erfährt sowohl in der GRC als auch in der EMRK eine autonome Interpretation. Aus diesem Grund werden beide Definitionen konkret herausgearbeitet.

2.2.1.1 Eigenständiger Begriff der Menschenwürde auf Unionsebene unter Beachtung der natürlich und künstlich erzeugten Embryonen

Nach dem Wortlaut von Art. 1 GRC ist die Menschenwürde unantastbar, zu achten und zu schützen. Auch in Art. 2 EUV ist die Achtung der Menschenwürde ausdrücklich als erstgenannter Unionswert kodifiziert. Fraglich ist, ob das ungeborene Leben überhaupt inbegriffen ist und falls dies der Fall ist, ob sowohl natürlich als auch künstlich erzeugte Embryonen dem Schutz des Art. 1 GRC unterfallen. Bei der Menschenwürde auf der Unionsebene handelt es sich um einen „genuin europäischen Begriff"[27], sodass eine Interpretation durch den EuGH gemäß Art. 19 I 2 EUV notwendig ist. Dieser hat bislang nichts Ausdrückliches entschieden.[28] Lediglich im Urteil „Niederlande/Parlament und Rat"[29] hat der EuGH eine neue Kategorie menschlicher Materie eingeführt, deren Verhältnis zur menschlichen Spezies bislang nicht geklärt ist.[30] Während einerseits eine subjektiv-rechtliche Dimension der Menschenwürde i.S.e. echten Grundrechts infrage kommt, erscheint andererseits auch eine objektiv-rechtliche Dimension der Menschenwürde i.S.e. Gattungswürde plausibel.[31] In Anbetracht der verschiedenen Vorstellungen vom Schutz des ungeborenen Lebens auf nationaler Ebene ist es allerdings zu bezweifeln, dass der EuGH den Ausdruck ‚Mensch' bzw. in der französischen Sprachfassung ‚humaine' oder in der englischen Version ‚human' auch auf das präembryonale Leben ausweiten könnte.[32] Ungeachtet der Frage, ob der Embryo natürlich oder künstlich erzeugt worden ist, können aus dem Wortlaut des sechsten Absatzes der Präambel

---

[27] *Ekardt/Kornack*, ZEuS 2010, 111 (123).
[28] *Ekardt/Kornack*, ZEuS 2010, 111 (127); *Wallau*, Menschenwürde in der Grundrechtsordnung der EU, 203.
[29] EuGH, Urt. v. 9.10.2001, C-377/98, Niederlande/Parlament und Rat, ECLI:EU:C:2001:523, Rn 70 ff.
[30] *Calliess*, in: *Calliess/Ruffert* (Hrsg.), EUV/AEUV, Art. 1 GRC, Rn 11.
[31] *Borowsky*, in: *Meyer* (Hrsg.), GRC, Art. 1 GRC, Rn 37; *Timke*, Patentierung embryonaler Stammzellen, 176 f.
[32] vgl. *Müller-Terpitz*, in: *Spickhoff* (Hrsg.), Medizinrecht, Art. 35 GRC, Rn 54.

der GRC die Verantwortlichkeiten und Pflichten gegenüber den künftigen Generationen entnommen werden. Die h.M.[33] lehnt allerdings den Schutz künstlich erzeugter Embryonen aus Art. 1 GRC ab. Der Grund dafür liegt v.a. in der uneinheitlichen Praxis der Mitgliedstaaten.[34] Dementsprechend existiert keine „Kohärenz der Werte"[35] bzgl. des Schutzes der Würde des ungeborenen Lebens auf Unionsebene.

2.2.1.2 Autonomer Menschenwürdebegriff der EMRK bzgl. *in utero* und *in vitro* Embryonen

Eine explizite Verankerung des Menschenwürdeschutzes liegt in der EMRK nicht vor.[36] Aber die Achtung der Menschenwürde (*respect for human dignity*) ist prägend für die EMRK.[37] Aufgrund des uneinheitlichen europäischen Konsenses (*lack of consensus*) bzgl. der Rechtssubjektivität der *in utero* und *in vitro* Embryonen gewährt der EGMR im Rahmen der Rechtsgestaltung bzgl. des ungeborenen Lebens den Vertragsstaaten einen eigenen und weiten Ermessensspielraum (*margin of appreciation*).[38] Somit bleibt es, wie im Fall der GRC, den Vertragsstaaten überlassen, ob sie das ungeborene Leben *in utero* bzw. *in vitro* schützen wollen. Vorliegend kann festgehalten werden, dass der in der EMRK gewährte Standard bzgl. der Menschenwürde der Embryonen als Rechtserkenntnisquelle hinsichtlich der Menschenwürde in der GRC lediglich eine begrenzte Tragweite hat.[39] Aber zur Gewährleistung eines „lückenlosen Grundrechtsschutzes"[40] ist eine vollständige Klärung des Schutzbereichs der Menschenwürde taktisch nicht effizient.

---

[33] *Ipsen*, NJW 2004, 268 (270); *Schmidt*, ZEuS 2002, 631 (639); *Schulz*, ZRP 2001, 526 (527); *Petersen/Vöneky*, EuR 2006, 340 (345 f.).

[34] *Cannawurf-Wetzel*, Stammzellgesetz auf dem Prüfstand der WTO, 77 f.; *Ipsen*, NJW 2004, 268 (270); *Petersen/Vöneky*, EuR 2006, 340 (345 f.).

[35] *Calliess*, in: Calliess/Ruffert (Hrsg.), EUV/AEUV, Art. 1 GRC, Rn 15; vgl. für detaillierte Schilderung in: *Calliess*, JZ 2004, 1033 (1041 ff.).

[36] *Cannawurf-Wetzel*, Stammzellgesetz auf dem Prüfstand der WTO, 78; *Ekardt/Kornack*, ZEuS 2010, 111 (130).

[37] EGMR, Urt. v. 31.7.2001, Rs. 41340/98, 41342/98, 41343/98 und 41344/98, Refah Partisi u.a./Türkei, ECLI:CE:ECHR:2001:0731JUD004134098, Rn 43; EGMR, Urt. v. 29.4.2002, Rs. 2346/02, Pretty/Vereinigtes Königreich, ECLI:CE:ECHR:2002:0429JUD000234602, Rn 65.

[38] EGMR, Urt. v. 8.7.2004, Rs. 53924/00, Vo/Frankreich, E-CLI:CE:ECHR:2004:0708JUD005392400, Rn 82; EGMR, Urt. v. 10.4.2007, Rs. 6339/05, Evans/Vereinigtes Königreich, ECLI:CE:ECHR:2007:0410JUD000633905, Rn 59.

[39] *Wallau*, Menschenwürde in der Grundrechtsordnung der EU, 207.

[40] *Schmidt*, ZEuS 2002, 631 (641).

2.2.2 Recht auf Leben der Embryonen nach Art. 2 I GRC und Art. 2 I 1 EMRK

Nach dem Wortlaut von Art. 52 III 1 GRC haben die Menschenrechte in der GRC, die solchen aus der EMRK entsprechen, die gleiche Bedeutung und Tragweite wie jene aus der EMRK.

2.2.2.1 Auslegung des Ausdrucks ‚Mensch'

Fraglich ist, ob das ungeborene Leben mittels Art. 2 I GRC bzw. Art. 2 I 1 EMRK geschützt wird. Aus semantischer Perspektive hat gemäß Art. 2 I GRC jeder ‚Mensch' das Recht auf Leben. In der französischen Fassung desselben Artikels wird der Begriff ‚*personne*' verwendet; die englische Version beinhaltet den Ausdruck ‚*everyone*'. Daraus wird gefolgert, dass es Abweichungen zwischen den Sprachfassungen gibt. Derselbe semantische Unterschied existiert auch in Art. 2 I 1 EMRK in den hier erwähnten Sprachen. Es ist aber zu beachten, dass lediglich Französisch und Englisch die authentischen Vertragssprachen der EMRK sind.[41] Obwohl Art. 2 I GRC und Art. 2 I 1 EMRK syntaktisch voneinander abweichen, bleibt es dennoch bemerkenswert, dass sich Art. 2 I GRC auf Art. 2 I 1 EMRK bezieht.[42] Daher ist zu analysieren, was unter ‚Mensch' in diesem Gesamtkontext zu verstehen ist.

In der ursprünglichen Version der GRC ist im Konvent in der deutschen Sprachfassung der Ausdruck ‚Person' statt ‚Mensch' verwendet worden; dies ist aber abgeändert worden aufgrund der Befürchtung vor Debatten bzgl. des philosophisch-bioethischen Unterschieds zwischen den beiden Begriffen.[43] Ob das ungeborene Leben in den Schutzbereich beider Vorschriften unterfällt, wird u.a. daran bewertet, inwiefern natürlich bzw. künstlich erzeugte Embryonen als ‚Menschen' anerkannt werden.[44] Nach e.A.[45] soll Embryonen das Recht auf Leben nur unter Beachtung der Totipotenz, d.h. der Fähigkeit zur Bildung eines menschlichen Organismus,

---

[41] vgl. *Grabenwarter/Pabel*, EMRK, § 20 Rn 3.
[42] *Höfling*, in: *Stern/Tettinger* (Hrsg.), Kölner Gemeinschaftskommentar zur GRC, Art. 2 GRC, Rn 1, 3; *Streinz*, in: *Streinz* (Hrsg.), EUV/AEUV, Art. 2 GRC, Rn 1.
[43] *Borowsky*, in: *Meyer* (Hrsg.), GRC, Art. 2 GRC, Rn 28; *Höfling*, in: *Stern/Tettinger* (Hrsg.) Kölner Gemeinschaftskommentar zur GRC, Art. 2 GRC, Rn 4; vgl. *Pache/Rösch*, EuR 2009, 769 (776 f.).
[44] *Groh/Lange-Bertalot*, NJW 2005, 713 (715); *Timke*, Patentierung embryonaler Stammzellen, 152.
[45] *Frowein*, in: *Frowein/Peukert* (Hrsg.), EMRK Kommentar, Art. 2 EMRK, Rn 3; *Höfling*, in: *Stern/Tettinger* (Hrsg.), Kölner Gemeinschaftskommentar zur GRC, Art. 2 GRC, Rn 21; *Höfling/Rixen*, in: *Heselhaus/Nowak* (Hrsg.), Handbuch GR, § 10 Rn 16 ff.; vgl. *Timke*, Patentierung embryonaler Stammzellen, 179.

beigemessen werden. Dagegen wird auf die extensive Version der englischen Sprachfassung ‚*everyone*' von a.A.[46] zurückgegriffen. Jedoch ist ebenfalls zu beachten, dass der französische Wortlaut ‚*personne*' einen eher restriktiveren Ansatz darstellt.[47] Somit kann gefolgert werden, dass die deutsche und französische Sprachfassung einen engeren Schutzbereich aufweisen, im Gegensatz zum englischen Wortlaut.[48] Aber dagegen bejaht eine weitere Ansicht[49] den Lebensschutz mithilfe des juristisch-ethischen Arguments, das pränatale Leben würde ansonsten zum bloßen Objekt degradiert.

Einerseits kann somit geltend gemacht werden, dass nur geborene Menschen ein Recht auf Leben haben sollen. Denn dies entspricht der traditionellen Vorstellung vom Menschen, da auch aus den gemeinsamen Verfassungsüberlieferungen kein allgemeiner Rechtsgrundsatz bzgl. des Lebensrechts des pränatalen Lebens hergeleitet werden kann.[50] Andererseits erscheint es sinnvoll, dem ungeborenen Leben einen Lebensschutz in einem beschränkten Rahmen zu garantieren, weil Embryonen schutzbedürftig sind.[51] Letztlich überzeugt der Wortlaut beider Artikel im gesamteuropäischen Kontext sowie der völkerrechtliche Zusammenhang des Embryonenschutzes, da bislang kein europäischer Konsens in diesem Rahmen erzielt werden konnte.[52] Daher existiert kein Schutz des werdenden Lebens in der GRC i.V.m. der EMRK.

2.2.2.2 *Status quo* der GRC und Schutzpflichten aus der EMRK

Gemäß Art. 51 II GRC begründet die GRC weder neue Zuständigkeiten noch neue Aufgaben für die EU, noch ändert sie die in den Verträgen festgelegten Zuständigkeiten und Aufgaben. Denn die GRC soll gerade den *status quo* widerspiegeln und keine neuen, über die Kompetenzen der EU reichenden Rechte kreieren.[53] Dieser *status quo* soll gemäß Art. 52 III 1 GRC mittels der EMRK und anhand der

---

[46] *Satzger*, Jura 2009, 759 (762).
[47] ders.
[48] *Grabenwarter/Pabel*, EMRK, § 20 Rn 3.
[49] *Groh/Lange-Bertalot*, NJW 2005, 713 (715).
[50] *Grabenwarter*, DVBl. 2001, 1 (3).
[51] vgl. *Höfling*, in: Stern/Tettinger (Hrsg.), Kölner Gemeinschaftskommentar zur GRC, Art. 2 GRC, Rn 21.
[52] *Haskamp*, Embryonenschutz in vitro, 70, vgl. *Kiriakaki*, Embryonenschutz, 144 f.
[53] *Calliess*, in: Calliess/Ruffert (Hrsg.), EUV/AEUV, Art. 2 GRC, Rn 11; *Timke*, Patentierung embryonaler Stammzellen, 179.

Rechtsprechung des EGMR ergründet werden.[54] Wegen des mangelnden europäischen Konsenses bzgl. des pränatalen Lebens erscheint es somit nachvollziehbar, dass dieses nicht von der GRC erfasst werden soll. Denn bei einer Einbeziehung des ungeborenen Lebens in den Lebensschutz würden große Probleme entstehen: Der Schutzbereich könnte sich über das Nidationsstadium hinaus auf die Pränidationsphase ausweiten.[55] In vielen Mitgliedstaaten werden zahlreiche legale, strafrechtlich nicht verfolgte Abtreibungen vorgenommen, sodass eine Kompatibilität der staatlichen Praxis mit der EMRK fraglich wäre.[56] Ferner sind die kollidierenden Grundrechte der Schwangeren zu beachten.[57]

Allerdings resultieren Schutzpflichten der Staaten aus der EMRK und der GRC hinsichtlich des Lebensrechts aus Art. 52 III i.V.m. Art. 53 GRC.[58] In dem Urteil „L.C.B./Vereinigtes Königreich"[59] hat der EGMR festgestellt, dass Art. 2 I 1 EMRK eine positive Schutzpflicht für Staaten darstellt, die geeignete Maßnahmen treffen müssen, um das Leben der Betroffenen unter ihrer Hoheitsgewalt zu schützen. D.h., die Vertragsstaaten sind dazu verpflichtet, effektiven Schutz des Lebens zu gewähren.[60] Aber auch in diesem Rahmen genießen die Vertragsstaaten einen Ermessensspielraum.[61] An dieser Stelle tritt bzgl. des werdenden Lebens erneut der mangelnde europäische Konsens zutage, aufgrund dessen den Staaten dieser Ermessensspielraum zugeschrieben wird. In der Literatur[62] wird zudem vertreten, dass keine Ansprüche aus einer staatlichen Schutzverpflichtung existieren, da das vorgeburtliche Leben über keine Abwehrrechte gegen den Staat als Träger subjektiver Rechte verfügt.

---

[54] ders.
[55] *Haskamp*, Embryonenschutz in vitro, 43.
[56] ders.; vgl. *Kiriakaki*, Embryonenschutz, 144 f.
[57] *Grabenwarter/Pabel*, EMRK, § 20 Rn 3.
[58] vgl. *Bates et al.*, Law of the ECHR, 203; vgl. *Kiriakaki*, Embryonenschutz, 145; vgl. *Schilling*, Internationaler Menschenrechtsschutz, Rn 155; vgl. *Schmidt*, ZEuS 2002, 631 (647).
[59] EGMR, Urt. v. 9.6.1998, Rs. 23413/94, L.C.B./Vereinigtes Königreich, ECLI:CE:ECHR:1998:0609JUD002341394, Rn 36.
[60] EGMR, Urt. v. 30.11.2004, Rs. 48939/99, Öneryildiz/Türkei, ECLI:CE:ECHR:2004:1130JUD004893999, Rn 71.
[61] vgl. *Borowsky*, in: *Meyer* (Hrsg.), GRC, Art. 2 GRC, Rn 36.
[62] *Schmidt*, ZEuS 2002, 631 (648).

2.2.3 Recht auf Unversehrtheit und medizinrechtliche Garantien nach Art. 3 GRC

Art. 3 I GRC beinhaltet das menschenrechtlich angelegte Recht auf körperliche und geistige Unversehrtheit zur Prävention von Beeinträchtigungen des physischen und psychischen Wohlbefindens.[63] Aber auch wenn dieses Recht nicht explizit in der EMRK verankert ist, wird es vonseiten der Rechtsprechung im Lichte der Effektivität der Grundrechte abgeleitet.[64] Zwar kann aus dem Wortlaut von Art. 3 I GRC entnommen werden, dass jeder ‚Mensch' geschützt wird; fraglich bleibt allerdings, ob auch das pränatale Leben beispielsweise im Falle eines Abbruchs einer ungewollten Schwangerschaft inbegriffen ist. Während der Schutz des werdenden Lebens aufgrund der weiten Auslegung dieses Grundrechts von e.A.[65] bejaht wird, wird von a.A.[66] vertreten, dass der persönliche Schutzbereich von Art. 2 GRC entsprechend gelte. Die erstere Ansicht erscheint plausibel, da sie auf der „Vorzugswürdigkeit einer auf Inklusivität basierenden Menschenrechtsdogmatik"[67] beruht: Denn hiernach sind nicht nur geborene Menschen inkludiert, sondern auch andere lebendige, menschliche Individuen. Auf diese Weise kann zumindest im Bereich der Menschenwürde eine einheitliche Struktur bzgl. des pränatalen Lebens gewahrt werden.

Art. 3 II GRC enthält biomedizinische Vorschriften, die i.V.m. der Forschungsfreiheit (Art. 13 GRC), dem Gesundheitsschutz (Art. 35 GRC) und dem Umweltschutz (Art. 37 GRC) zu betrachten sind.[68] Die Bestimmungen der BMK werden im Verlauf der Analyse in einem eigenen Komplex zentralisiert und präzisiert. Erwähnenswert ist an dieser Stelle die im letzten Spiegelstrich in Art. 3 II GRC dargelegte fachspezifische Verankerung der Menschenwürde für den Bereich des reproduktiven Klonens, d.h., es herrscht ein absolutes Verbot der Erschaffung von genetisch identischen menschlichen Gestalten.[69] *E contrario* kann daraus abgeleitet werden, dass das therapeutische Klonen grds. zulässig ist und somit auch die Forschung an embryo-

---

[63] *Calliess*, in: *Calliess/Ruffert* (Hrsg.), EUV/AEUV, Art. 3 GRC, Rn 4; *Müller-Terpitz*, in: *Spickhoff* (Hrsg.), Medizinrecht, Art. 3 GRC, Rn 59.
[64] *Schmidt*, ZEuS 2002, 631 (649).
[65] *Höfling*, in: *Stern/Tettinger* (Hrsg.), Kölner Gemeinschaftskommentar zur GRC, Art. 3, Rn 4; *Rixen*, in: *Heselhaus/Nowak* (Hrsg.), GR, § 11 Rn 17.
[66] *Müller-Terpitz*, in: *Spickhoff* (Hrsg.), Medizinrecht, Art. 3 GRC, Rn 59.
[67] *Höfling*, in: *Stern/Tettinger* (Hrsg.), Kölner Gemeinschaftskommentar zur GRC, Art. 3, Rn 4.
[68] *Borowsky*, in: *Meyer* (Hrsg.), GRC, Art. 3 GRC, Rn 40.
[69] *Höfling*, in: *Stern/Tettinger* (Hrsg.), Kölner Gemeinschaftskommentar zur GRC, Art. 3, Rn 22 f.

nalen Stammzellen i.S.v. Gewinnung und Vernichtung solcher Zellen gestattet wird.[70] In diesem Rahmen ist zu bedenken, dass die Gewinnung embryonaler Stammzellen durch die Zerstörung der künstlich erzeugten Embryonen erzielt wird.[71]

2.2.4 Rechtsprechung des EGMR als ‚das' menschenrechtsprechende Gericht

Der EGMR hat im kontroversen Bereich des Embryonenschutzes beachtliche Urteile erlassen.

2.2.4.1 Vo/Frankreich[72] (Nr. 53924/00)

Fraglich ist, ob einem Staat im Rahmen der Schutzpflicht bzgl. des pränatalen Lebens eine Bestrafungspflicht im Falle der fahrlässigen Tötung von Embryonen auferlegt werden kann.[73] Der Beschwerdeführerin wurde bei einer ärztlichen Untersuchung im sechsten Gestationsmonat aufgrund ärztlicher Fahrlässigkeit die Fruchtblase verletzt, was zum Flüssigkeitsverlust und später aus gesundheitlichen Gründen zum ungewollten Abbruch ihrer Schwangerschaft führte.[74] Während die unteren französischen Instanzen den Vorfall als fahrlässige Tötung kategorisierten, hat der französische Kassationshof dies abgelehnt mit dem Argument, der Embryo sei kein Mensch.[75] Daraufhin wandte sich Frau Vo an den EGMR und klagte eine Verletzung von Art. 2 EMRK.[76] Der EGMR betont, dass zwar kein europäischer Konsens über die Natur und den Status von Embryonen und Föten existiert, diese dennoch einen gewissen Schutz im Lichte des wissenschaftlichen Fortschritts genießen.[77] Auch wenn der EGMR die Fähigkeit von Embryonen zum Menschwerden erwähnt, schließt er diese nicht in den Schutzbereich von Art. 2 EMRK ein, sondern entzieht sich der Diskussion mit der Begründung, dass die Frage, ob ein Embryo

---

[70] *Schmidt*, ZEuS 2002, 631 (657 f.).
[71] *Meiser*, Biopatentierung und Menschenwürde, 32.
[72] EGMR, Urt. v. 8.7.2004, Rs. 53924/00, Vo/Frankreich, E-CLI:CE:ECHR:2004:0708JUD005392400.
[73] vgl. *Blau*, ZEuS 2005, 397 (424); vgl. *Timke*, Patentierung embryonaler Stammzellen, 157.
[74] EGMR, Urt. v. 8.7.2004, Rs. 53924/00, Vo/Frankreich, E-CLI:CE:ECHR:2004:0708JUD005392400, Rn 10 ff.
[75] ders., Rn 18 ff., 22; siehe u.a. Cour de cassation, chambre criminelle, Urteil vom 30.6.1999, Rs. 97-82.351.
[76] EGMR, Urt. v. 8.7.2004, Rs. 53924/00, Vo/Frankreich, E-CLI:CE:ECHR:2004:0708JUD005392400, Rn 46.
[77] ders., Rn 84.

Mensch i.S.d. Vorschrift sei, zu abstrakt wäre und könne bzw. müsse vorliegend nicht beantwortet werden.[78] Unter Berücksichtigung des Ermessensspielraums von Frankreich hat der EGMR entschieden, dass keine Verletzung des Lebensrechts vorliegt.[79] Daraus kann entnommen werden, dass der Fötus kein Rechtsträger i.S.d. Bestimmung ist.[80] Des Weiteren teilt der EGMR die Ansicht, das ungeborene Leben könne über die Mutter geschützt werden.[81] Aber bei künstlich erzeugten Embryonen bleibt diese Behauptung fraglich, da diese eben nicht *in utero* befindlich sind.[82]

2.2.4.2 Evans/Vereinigtes Königreich[83] (Nr. 6339/05)

Zum Schutz von *in vitro* Embryonen hat der EGMR in der vorliegenden Sache eine explizite Entscheidung getroffen. Da der Beschwerdeführerin aus gesundheitlichen Gründen die Ovarien entfernt werden mussten, hat diese für eine beidseitig gewollte spätere Graviditätsbehandlung sechs mit den Samen ihres Partners künstlich befruchtete Eizellen einfrieren und kryokonservieren lassen.[84] Als sich beide trennten, hat der Mann sein Einverständnis widerrufen und daraufhin war die behandelnde Klinik nach britischer Rechtslage dazu verpflichtet, die erzeugten Embryonen zu vernichten.[85] Nachdem die Beschwerdeführerin in Großbritannien in allen Instanzen nicht erfolgreich war, wandte sie sich an den EGMR, da sie darin einen Verstoß gegen Art. 2 EMRK fand.[86] Einstimmig stellte der EGMR klar, dass künstlich erzeugte Embryonen kein Lebensrecht gemäß Art. 2 EMRK haben, denn es gebe in dieser Materie keinen einheitlichen europäischen Konsens.[87] Daher unterfalle dies

---

[78] ders., Rn 84 f.
[79] ders., Rn 95.
[80] *Ipsen*, DVBl 2004, 1381 (1386).
[81] EGMR, Urt. v. 8.7.2004, Rs. 53924/00, Vo/Frankreich, E-CLI:CE:ECHR:2004:0708JUD005392400, Rn 87.
[82] *Timke*, Patentierung embryonaler Stammzellen, 159.
[83] EGMR, Urt. v. 10.4.2007, Rs. 6339/95, Evans/UK, ECLI:CE:ECHR:2007:0410JUD000633905.
[84] ders., Rn 14 ff.
[85] ders., Rn 18 f.
[86] ders., Rn 19 ff.
[87] ders., Rn 54, 56.

in den Einschätzungsspielraum der Vertragsstaaten.[88] Dies habe der EGMR schon in „Vo/Frankreich"[89] entschieden.

2.2.4.3 Parrillo/Italien[90] (Nr. 46470/11)

Die Beschwerdeführerin hat mit ihrem Partner fünf künstlich erzeugte Embryonen für eine künftige Einpflanzung kryokonservieren lassen.[91] Noch vor einer möglichen Einpflanzung der Embryonen verstarb der Partner und die Beschwerdeführerin entschied sich dazu, ihre fünf *in vitro* Embryonen der Stammzellforschung zu widmen; aber der Krankenhausdirektor ließ dies nicht zu wegen Verstoßes gegen italienisches Recht.[92] Da die Beschwerdeführerin sich sicher war, dass alle nationalen Verfahren wegen des allgemeinen Verbots der Embryonenspende scheitern würden, wandte sie sich direkt an den EGMR.[93] Fraglich war, ob die Nichtfreigabe eigener Embryonen zu Forschungszwecken einen Verstoß gegen die Achtung des Privat- und Familienlebens gemäß Art. 8 EMRK darstellt. Der EGMR präzisiert, dass vorliegend der familiäre Aspekt des Art. 8 EMRK nicht einschlägig ist, da die Beschwerdeführerin seit dem Tod ihres Partners keine Familie mehr gründen wollte.[94] Allerdings fällt die freie Entscheidung über das Schicksal ihrer Embryonen unter den Aspekt des Privatlebens.[95] In diesem Zusammenhang bezieht sich der EGMR auf das Urteil „Evans/Vereinigtes Königreich"[96] und stellt klar, dass er in dem Fall die Verletzung des Rechts auf Privatlebens nach einer Verhältnismäßigkeitsabwägung der Interessen beider Partner verneint hat.[97] Vorliegend wurde aber das italienische Gesetz, das die Embryonenspende verbietet, erst nach der *in vitro* Fertilisation eingeführt, sodass dies laut dem EGMR einen Eingriff in das Privatleben

---

[88] ders., Rn 54.
[89] EGMR, Urt. v. 8.7.2004, Rs. 53924/00, Vo/Frankreich, ECLI:CE:ECHR:2004:0708JUD005392400.
[90] EGMR, Urt. v. 27.8.2015, Rs. 46470/11, Parrillo/Italien, ECLI:CE:ECHR:2015:0827JUD004647011.
[91] ders., Rn 12.
[92] ders., Rn 13 ff., 16.
[93] ders., Rn 84 ff.
[94] ders., Rn 151.
[95] ders., Rn 152.
[96] EGMR, Urt. v. 10.4.2007, Rs. 6339/95, Evans/UK, ECLI:CE:ECHR:2007:0410JUD000633905.
[97] EGMR, Urt. v. 27.8.2015, Rs. 46470/11, Parrillo/Italien, ECLI:CE:ECHR:2015:0827JUD004647011, Rn 155.

darstellt.⁹⁸ Obwohl Italien den Embryonenschutz als Eingriffsgrund aufführte, vertrat der EGMR, dass die in Art. 8 II EMRK aufgezählten Schranken abschließend und eng zu interpretieren seien.⁹⁹ Aber mit Beachtung des Art. 1 des ersten Zusatzprotokolls zur EMRK wurde der Eingriffszweck als legitim betrachtet, da der Embryo nach italienischem Recht ein Rechtssubjekt mit Menschenwürde sei.¹⁰⁰ Embryonen können somit unter den in Art. 8 II EMRK genannten Schutz der Moral und der Rechte und Freiheiten ‚anderer' fallen.¹⁰¹ Aber der EGMR bleibt zurückhaltend und betont, dass er aufgrund des nicht vorhandenen europäischen Konsenses nicht darüber entscheidet, ob Embryonen als ‚andere' gelten können.¹⁰² Da die Vertragsstaaten einen weiten Einschätzungsspielraum genießen, liegt keine Verletzung von Art. 8 EMRK vor.¹⁰³

2.2.5 Entscheidungen der ehemaligen Europäischen Kommission für Menschenrechte

Die EKMR hat ebenso aufschlussreiche Entscheidungen zum Embryonenschutzes getroffen.

2.2.5.1 Brüggemann und Scheuten/Deutschland¹⁰⁴ (Nr. 6959/75)

In diesem Fall wandte sich die Beschwerdeführerin an die EKMR, weil eine straffreie Abtreibung in Deutschland nicht möglich war und dies einen Verstoß gegen Art. 8 EMRK sei.¹⁰⁵ Die EKMR vertrat die Ansicht, dass der Schutzbereich von Art. 8 I EMRK überhaupt nicht eröffnet sei, da die Gravidität nicht ausschließlich der Privatsphäre der Schwangeren zuzuordnen sei.¹⁰⁶ Aus diesem Grund ist die EKMR überhaupt nicht auf Art. 8 II EMRK eingegangen und somit auch nicht auf die Frage, ob der *nasciturus* ‚anderer' i.S.d. Vorschrift ist.¹⁰⁷ Daraus folgt, dass die EKMR der

---

[98] ders., Rn 161.
[99] ders., Rn 162 f.
[100] ders., Rn 165.
[101] ders., Rn 167.
[102] ders.
[103] ders., Rn 197 f.
[104] EKMR, Entsch. v. 19.5.1976, Rs. 6959/75, Brüggemann & Scheuten/Deutschland, ECLI:CE:ECHR:1976:0519DEC000695975.
[105] ders., 105.
[106] ders., 106 f.
[107] *Blau*, ZEuS 2005, 397 (419); *Haßmann*, Embryonenschutz, 58.

Regelung der Abortion durch die Vertragsstaaten beistimmt, ohne auf die Diskussion über das Lebensrecht des pränatalen Lebens einzugehen.[108]

2.2.5.2 Paton/Vereinigtes Königreich[109] (Nr. 8416/78)

Der Beschwerdeführer war der Vater eines ungeborenen Kindes, das in der achten Schwangerschaftswoche durch einen indizierten Abort auf Willen der werdenden Mutter vernichtet werden sollte, wogegen dieser rechtlich vorging: Aber die Abtreibung wurde auch nicht durch gerichtliche Verfügung untersagt.[110] Fraglich ist, ob das gerichtliche Zulassen der Abtreibung das Lebensrecht des ungeborenen Lebens gemäß Art. 2 EMRK verletzt.[111] Die EKMR verdeutlicht, dass der Begriff ‚everyone' bzw. ‚toute personne' in Art. 2 EMRK lediglich postnatal anwendbar ist.[112] Aus diesem Grund analysiert sie den Ausdruck ‚life' bzw. ‚vie' und stellt unter Berücksichtigung der Diskussion bzgl. des Lebensbeginns im Falle vom werdenden Leben fest, dass es drei Auslegungsmöglichkeiten gibt: (1) Entweder wird der *nasciturus* gar nicht inbegriffen oder (2) er verfügt über ein beschränktes Lebensrecht oder (3) er ist Träger eines absoluten Lebensrechts.[113] Letztere Möglichkeit wird ausgeschlossen, da einerseits das Leben des *nasciturus* unmittelbar mit dem der Schwangeren verknüpft ist und andererseits fast alle Vertragsstaaten die medizinische Abtreibung zur Rettung des Lebens der werdenden Mutter erlauben.[114] Bzgl. der anderen beiden Interpretationsmöglichkeiten stellt die EKMR klar, dass sie nicht für die abstrakte Frage über das Lebensrecht in Art. 2 EMRK bzgl. der gesamten Schwangerschaft zuständig ist, sondern vorliegend lediglich das Anfangsstadium betrachtet.[115] Die EKMR enthält sich erneut und erklärt die Handlung des britischen Gerichts für konform mit Art. 2 EMRK, um keine Entscheidung treffen zu müssen.[116]

---

[108] *Haßmann*, Embryonenschutz, 58.
[109] EKMR, Entsch. v. 13.5.1980, Rs. 8416/78, Paton/UK, ECLI:CE:ECHR:1980:0513DEC000841678.
[110] ders., 2.
[111] ders., 3 f.
[112] ders., 6 f.
[113] ders., 7 ff.
[114] ders., 9.
[115] ders., 10.
[116] ders.

2.2.5.3 H./Norwegen[117] (Nr. 17004/90)

Auch in diesem Fall handelt es sich um die Beschwerde eines werdenden Vaters, dessen ungeborenes Kind in der vierzehnten Schwangerschaftswoche abgetrieben wurde wegen des Nichterlassens einer Verfügung zur Unterlassung der Abortion durch norwegische Behörden, obwohl er das alleinige Sorgerecht für das Kind übernehmen wollte.[118] Vorliegend hat sich die EKMR wegen der Ähnlichkeit auf die Entscheidung „Paton/Vereinigtes Königreich"[119] gestützt und erweitert, dass Art. 2 I 1 EMRK nicht nur eine negative Unterlassungspflicht bzgl. des Lebensrechts enthält, sondern auch positive Maßnahmen und Verpflichtungen zur Lebenserhaltung (‚but also to take appropriate steps to safeguard life').[120] Dennoch hat sie den Status des pränatalen Lebens offengelassen und diesen Ansatz nicht weiter ausgeführt.[121]

2.3 Menschenrechtliche Gewährleistungen der Oviedo Konvention

Trotz des fehlenden europäischen Konsenses sind in der BMK Menschenrechte kodifiziert worden.[122] Denn die BMK wird als eine progressive Entfaltung der EMRK betrachtet.[123] Aus diesem Grund werden die Menschenwürde (1) und die Forschung (2) im Rahmen der BMK erläutert. Darüber hinaus wird auch der Schutz vor dem Klonen (3) zentralisiert sowie ein entworfenes Zusatzprotokoll (4) explizit für den Embryonenschutz analysiert. Letztlich werden die Rechtsprechung und andere Dokumente des Europarates (5) herangezogen.

2.3.1 Explizite Garantie der Menschenwürde für Embryonen nach Art. 1 BMK

Nach dem Wortlaut von Art. 1 UA 1 BMK wird „die Würde und die Identität aller menschlichen Lebewesen" gewährleistet. Diese Formulierung lässt darauf schließen, dass nicht nur geborenes, sondern auch pränatales menschliches Leben mit

---

[117] EKMR, Entsch. v. 19.5.1992, Rs. 17004/90, H./Norwegen, E-CLI:CE:ECHR:1992:0519DEC001700490.
[118] ders.
[119] EKMR, Entsch. v. 13.5.1980, Rs. 8416/78, Paton/UK, E-CLI:CE:ECHR:1980:0513DEC000841678.
[120] EKMR, Entsch. v. 19.5.1992, Rs. 17004/90, H./Norwegen, E-CLI:CE:ECHR:1992:0519DEC001700490.
[121] ders.
[122] *Honnefelder*, in: *Eser* (Hrsg.), Biomedizin und Menschenrechte, 38 (48); *Kiriakaki*, Embryonenschutz, 183.
[123] vgl. *Starck*, EuR 2006, 1 (7 f.); *Timke*, Patentierung embryonaler Stammzellen, 163.

inbegriffen sein soll.[124] Begründet wird dies anhand des Erläuternden Berichts[125] des Europarates zur BMK in Punkt 19: „[...] *human dignity and the identity of the human being had to be respected as soon as life began.*" Aber vorliegend existiert keine einheitliche Staatenpraxis über die Frage, ob die pränatale Phase zum Lebensbeginn zählt oder ob das Leben erst mit der Geburt beginnt.[126] Auch wird diese Frage im Erläuternden Bericht nicht geklärt.[127] Wenn nun die Debatte über den Lebensbeginn beiseite gelassen wird, bleibt es dennoch ersichtlich, dass der Schutz des pränatalen Lebens über die Würde schon viel früher als über die oben erläuterten Menschenrechte einsetzen kann, d.h., das werdende Leben könnte folglich im Vorfeld von der Menschenwürde geschützt werden, ohne dass es den Schutz über die Menschenrechte genießt.[128] Jedoch kann spezifisch im Kontext der Embryonenforschung kein *sui generis* Leitgedanke bzgl. der Würde des ungeborenen Lebens aus der BMK abgeleitet werden, da der Wortlaut zu mehrdeutig ist und in diesem Rahmen kein Grundkompromiss existiert.[129]

2.3.2 Embryonenforschung und Forschungsembryonen (Art. 18 BMK)

Während andere Bestimmungen der BMK das pränatale Leben mittelbar schützen, tritt der Embryonenschutz in Art. 18 BMK unmittelbar und sehr deutlich hervor. Nach dem Wortlaut von Art. 18 I BMK müssen die Vertragsstaaten einen „angemessenen Schutz des Embryos" gewähren, wenn sie auf nationaler Ebene die Forschung an *in vitro* Embryonen gestatten. Da die BMK den Ausdruck des *in vitro* Embryos nicht definiert, wird nach h.M.[130] vom nationalen Embryonenbegriff ausgegangen. Zusätzlich gibt der Wortlaut von Art. 18 II BMK wider, dass die Erzeugung von menschlichen Embryonen zu Forschungszwecken verboten ist.

---

[124] *Albers*, EuR 2002, 801 (808); *Kern*, MedR 1998, 485 (486).
[125] Explanatory Report to the Convention for the protection of Human Rights and Dignity of the Human Being with regard to the Application of Biology and Medicine: Convention on Human Rights and Biomedicine, in Oviedo am 4.4.1997, European Treaty Series No. 164, https://rm.coe.int/16800ccde5.
[126] vgl. *Albers*, EuR 2002, 801 (808 in Fn 32).
[127] *Haßmann*, Embryonenschutz, 63; *Timke*, Patentierung embryonaler Stammzellen, 164.
[128] *Beyleveld/Brownsword*, Modern Law Review 1998, 661 (664); vgl. *Haßmann*, Embryonenschutz, 63.
[129] *Haßmann*, Embryonenschutz, 63; *Radau*, Biomedizinkonvention, 214; vgl. *Kiriakaki*, Embryonenschutz, 194.
[130] *Albers*, EuR 2002, 801 (826); *Giesen*, MedR 1995, 353 (358); *Kiriakaki*, Embryonenschutz, 357; *Starck*, JZ 2002, 1065 (1068); *Timke*, Patentierung embryonaler Stammzellen, 165.

Dementsprechend wird im Rahmen der Oviedo Konvention gebilligt, dass überzählige, d.h. schon existierende künstlich erzeugte Embryonen, die ursprünglich zur Schwangerschaft führen sollten, aber später nicht mehr dafür nötig waren, unter bestimmten Bedingungen zur Forschung - und somit zur Vernichtung im Rahmen der verbrauchenden Forschung - genutzt werden dürfen.[131]

Fraglich ist allerdings, ob der in Art. 18 I BMK kodifizierte ‚angemessene Schutz' absolut ist. Daraus würde nämlich folgen, dass die verbrauchende Embryonenforschung verboten ist. Laut e.A.[132] solle der angemessene Schutz als absolutes Verbot der verbrauchenden Embryonenforschung verstanden werden. Dies würde voraussetzen, dass Embryonen den „vollen Rechtsstatus geborener Menschen"[133] genießen würden. Nach a.A.[134] ist Art. 18 BMK dahingehend zu verstehen, dass die verbrauchende Embryonenforschung dem Schutz der Menschenwürde i.S.d. BMK nicht entgegensteht, denn ansonsten hätte diese Art von Forschung explizit in der betreffenden Vorschrift untersagt werden müssen. Außerdem gäbe es für die umgekehrte Verknüpfung der Menschenwürde mit dem Verbot verbrauchenden Forschung keine konkreten Orientierungspunkte aufgrund des Dissenses der Vertragsstaaten in dieser Materie.[135] Zudem wird auch in Art. 18 II BMK lediglich die ‚Erzeugung' zu nicht-schwangerschaftsbeabsichtigten Zwecken verboten; die Verwendung schon existierender künstlich erzeugter Embryonen wird nicht aufgegriffen.[136] Aufgrund des nicht existierenden europäischen Konsenses bzgl. des ungeborenen Lebens erscheint die letztere Ansicht überzeugender. Zumal gibt der Wortlaut von Art. 18 BMK kein ausdrückliches Verbot der verbrauchenden Embryonenforschung wider. Demnach ist Art. 18 BMK dahingehend zu interpretieren, dass die Vernichtung von künstlich erzeugten Embryonen nicht zwingend verboten ist.[137]

---

[131] *Radau*, Biomedizinkonvention, 216.
[132] *BMJ*, Übereinkommen zum Schutz der Menschenrechte und der Menschenwürde im Hinblick auf die Anwendung von Biologie und Medizin, 1998, 21, zitiert nach: *Seith*, Extrakorporaler Embryo, 142.
[133] *Radau*, Biomedizinkonvention, 216.
[134] *Haßmann*, Embryonenschutz, 63.
[135] ders., 63 f.
[136] *Müller-Terpitz*, Schutz des pränatalen Lebens, 423.
[137] *Albers*, EuR 2002, 801 (826); *Haßmann*, Embryonenschutz, 64; *Seith*, Extrakorporaler Embryo, 142 f.; vgl. *Timke*, Patentierung embryonaler Stammzellen, 166.

2.3.3 Schutz des pränatalen Lebens vor dem Klonen (Art. 13 BMK i.V.m. dem ersten Zusatzprotokoll[138] zur BMK)

Auch das erste Zusatzprotokoll zur BMK über das Klonen bietet i.V.m. der Regelung hinsichtlich der Reprogrammierung von Stammzellen in Art. 13 BMK einen besonderen Schutz für das ungeborene Leben im Rahmen der Embryonenforschung. Denn dieses verbietet das Klonen von menschlichen Lebewesen und das Verändern der menschlichen Gene.[139] Inwiefern das Klonen eingreifend in die Existenz des ungeborenen Lebens ist, wird anhand zweier existierender Verfahren verdeutlicht: (1) Bei dem Kerntransfer-Verfahren wird einem Lebewesen eine befruchtungsfähige Eizelle entnommen und der Kern mit dem Erbmaterial zu 99% entfernt, sodass in die Eihülle mitsamt dem restlichen Erbgut von 1% eine neue Zelle eingesetzt werden kann.[140] Die neue Zelle wird anschließend mit der alten Eihülle mittels elektrischer Impulse verschmolzen, wodurch die ursprüngliche Eizelle reprogrammiert wird und somit die embryonale Entwicklung von neuem beginnen kann.[141] (2) Im Rahmen des Embryonensplittings wird ein durch Kernverschmelzung der Samen- und Eizellen künstlich erzeugter Embryo als Ansatz herangezogen.[142] Dieser muss sich zwischen dem zweiten und vierten Entwicklungstag nach der Befruchtung befinden, in welchem die schon gebildeten Zellen, die als Blastomere bezeichnet werden, totipotent sind.[143] Diese Blastomere werden schließlich mittels der Öffnung der Embryomembran entnommen und einzeln auf nährstoffreiche Schalen positioniert, die auch bei der *in vitro* Fertilisation verwendet werden.[144] Aus diesen können sodann durch Mitose neue, genetisch gleiche Embryonen entstehen.[145] Nach dem Wortlaut von Art. 1 I des Klonprotokolls ist es allerdings verboten, genetisch identische Lebewesen durch Intervention zu erzeugen, wobei nach dem zweiten Absatz derselben Vorschrift ‚genetisch identisch' legaldefiniert wird als das Besitzen desselben Kerngenoms mit einem anderen mensch-

---

[138] Additional Protocol to the Convention for the Protection of Human Rights and Dignity of the Human Being with regard to the Application of Biology and Medicine, on the Prohibition of Cloning Human Beings, in Paris am 12.1.1998, European Treaty Series No. 168.
[139] *Radau*, Biomedizinkonvention, 218 ff.; *Timke*, Patentierung embryonaler Stammzellen, 168 ff.
[140] *Radau*, Biomedizinkonvention, 218.
[141] ders.
[142] ders., 219.
[143] ders.
[144] ders.
[145] ders.

lichen Lebewesen. Da vom ‚menschlichen Lebewesen' ausgegangen wird, welches auch vorliegend ungeklärt bleibt, wird die Interpretation wegen des europäischen Dissenses erneut den Vertragsstaaten überlassen.[146]

2.3.4 Entwurf eines Zusatzprotokolls zur Oviedo Konvention zum Schutz des menschlichen Embryos und des Fötus

Der Zweck dieses Zusatzprotokolls soll darin bestehen, die in der Oviedo Konvention schon verankerten Mindestgarantien des ungeborenen Lebens zu erweitern und hinsichtlich biomedizinischer Eingriffe und Handlungen zu präzisieren.[147] Bisher ist allerdings kein Entwurf dieses Protokolls publiziert worden aufgrund des fehlenden europäischen Konsenses in dieser Materie.[148] Dieser wird dennoch im Bericht[149] des Lenkungsausschusses für Bioethik des Europarates konkretisiert, in welchem die betreffende Arbeitsgruppe die derzeit existierenden europäischen Perspektiven und Stellungen zu dieser Materie darlegen, ohne Partei zu ergreifen.[150] In diesem Rahmen wird die Forschung an künstlich erzeugten Embryonen als *„most sensitive ethical question"*[151] betrachtet, die im Zusammenhang mit der Frage nach der Natur und dem Status des ungeborenen Lebens ungeklärt bleibt. Eine Übereinstimmung besteht jedoch darin, dass eine verhältnismäßige Abwägung zwischen der Forschungsfreiheit und den Menschenrechten durchgeführt werden muss, da gemäß Art. 2 BMK das Interesse und das Wohl des Menschen gegenüber dem bloßen Interesse der Gesellschaft oder der Wissenschaft vorrangig ist.[152] Eine konkrete Lösung zu diesem Problem setzt indes erneut die Klärung des rechtlichen Status des pränatalen Lebens voraus.[153]

---

[146] *Koenig/Müller*, PharmR 2005, 19 (22); *Timke*, Patentierung embryonaler Stammzellen, 170.
[147] *Kiriakaki*, Embryonenschutz, 361.
[148] ders., 362.
[149] Steering Committee on Bioethics (CDBI), The protection of the Human Embryo In Vitro, Report by the Working Party on the Protection of the Human Embryo and Fetus (CDBI-CO-GT3), Reference No. CDBI-CO-GT3 (2003) 13, in Straßburg am 19.6.2003.
[150] *Kiriakaki*, Embryonenschutz, 362.
[151] Steering Committee on Bioethics (CDBI), The protection of the Human Embryo In Vitro, Report by the Working Party on the Protection of the Human Embryo and Fetus (CDBI-CO-GT3), Reference No. CDBI-CO-GT3 (2003) 13, in Straßburg am 19.6.2003, 22 Punkt IV.A.
[152] ders., 22 Punkt IV.B.
[153] *Kiriakaki*, Embryonenschutz, 363.

2.3.5 Oviedo Konvention und Berichte des Lenkungsausschusses für Bioethik als Maßstab für den EGMR in seiner Rechtsprechung zur EMRK

2.3.5.1 Vo/Frankreich[154] (Nr. 53924/00)

In diesem schon erläuterten Urteil hat der EGMR festgestellt, dass sowohl in der Oviedo Konvention als auch im Klonprotokoll keine Ausführungen über den Begriff des Menschen oder des menschlichen Lebewesens existieren.[155] Erstaunlich ist allerdings, dass es gemäß Art. 29 BMK eine Möglichkeit gibt, den EGMR zur Auslegung der Oviedo Konvention - und konkret im Rahmen der Embryonenforschung und der Festlegung des Lebensbeginns heranzuziehen.[156] Jedoch ist nach der Analyse der Rechtsprechung anzumerken, dass der EGMR in seinen bisherigen Urteilen der Interpretation des Lebensbeginns bzgl. des werdenden Lebens ausgewichen ist und den Vertragsstaaten einen weiten Ermessensspielraum zugebilligt hat.

2.3.5.2 Costa und Pavan/Italien[157] (Nr. 54270/10)

Die Beschwerdeführer haben nach der Geburt ihres Kindes im Jahre 2006 erfahren, dass sie gesunde Träger von zystischer Fibrose - einer genetisch bedingten Stoffwechselkrankheit - sind.[158] Nachdem die Beschwerdeführerin in 2010 erneut schwanger wurde und herausfand, dass der Fötus auch an derselben Krankheit leidet, hat sie einen Schwangerschaftsabbruch aus medizinischen Gründen vornehmen lassen.[159] Da die Beschwerdeführer ein gesundes Kind wollten, planten sie eine künstliche Befruchtung und eine Präimplantationsdiagnostik (PID) vor der Einpflanzung des Embryos in den Uterus.[160] Nach italienischem Recht steht allerdings die *in vitro* Fertilisation lediglich unfruchtbaren oder sterilen Paaren zu, während die PID allgemein verboten ist.[161] Die Beschwerdeführer stützten sich hinsichtlich des Eingriffs in ihr Privat- und Familienleben auf Art. 8 EMRK i.V.m. Art.

---

[154] EGMR, Urt. v. 8.7.2004, Rs. 53924/00, Vo/Frankreich, E-CLI:CE:ECHR:2004:0708JUD005392400.
[155] ders., Rn 84.
[156] ders.
[157] EGMR, Urt. v. 28.8.2012, Rs. 54270/10, Costa und Pavan/Italien, E-CLI:CE:ECHR:2012:0828JUD005427010.
[158] ders., Rn 8.
[159] ders., Rn 9.
[160] ders., Rn 10.
[161] ders., Rn 11 ff.

14 EMRK. Der EGMR stimmt den Beschwerdeführern zu, dass ihr Wunsch nach einem gesunden Kind von Art. 8 EMRK gedeckt sei.[162] Ein allgemeines Verbot der PID sei auch nicht verhältnismäßig, zumal das italienische Recht den Schwangerschaftsabbruch bzgl. erkrankter Föten erlaube.[163] In diesem Kontext stützt sich der EGMR einerseits auf einen Bericht des Lenkungsausschusses für Bioethik über die *in vitro* Fertilisation sowie über die PID und stellt klar, dass ‚Kind' und ‚Embryo' nicht schlicht und einfach in dieselbe Kategorie eingeordnet werden können.[164] Andererseits verdeutlicht der EGMR erneut, dass er in diesem Gebiet den Ermessensspielraum der Vertragsstaaten nicht maßgeblich verringern kann.[165] Da aber die italienische Gesetzgebung inkohärent bzgl. der Relation zwischen der Abtreibung und des PID-Verbots ist, liegt nach dem EGMR ein Eingriff in Art. 8 EMRK vor.[166]

2.4 (In)effektiver Schutz von Embryonen bzw. embryonaler Stammzellen durch Europäische Grund- und Menschenrechte

Nach der bisherigen umfassenden Analyse kann festgehalten werden, dass sowohl auf Unionsebene als auch weiter auf der europäischen Ebene kein einheitlicher Schutz der Würde von Embryonen bzw. kein einheitlicher europäischer Konsens hinsichtlich des Schutzes des pränatalen Lebens existiert. Mit Berücksichtigung der Interrelation der GRC und der EMRK wird ein Schutzgedanke lediglich bejaht, wenn das ungeborene Leben auf der nationalen Ebene als subjektiver Rechtsträger anerkannt wird. Den dargelegten Resultaten kann entnommen werden, dass es keine Wertekohärenz - weder innerhalb der EU noch in Europa - in dieser Materie gibt. Aus diesem Grund wird den Vertragsstaaten durch den EGMR ein sehr weiter ‚*margin of appreciation*' zugesprochen. Auch wenn es möglicherweise vorteilhaft erscheinen kann, dass der Lebensbeginn nicht definiert ist, und zwar insofern, als den europäischen Gerichten große Spielräume offenbleiben, ziehen diese es vor, die Mitgliedstaaten die Definition auf nationaler Ebene regeln zu lassen und reagieren folglich sehr zurückhaltend.

Darüber hinaus hat das pränatale Leben im Kontext der GRC und der EMRK kein Recht auf Leben, da kein gesamteuropäischer Konsens in diesem Bereich existiert.

---

[162] ders., Rn 57.
[163] ders., Rn 60 ff., 64.
[164] ders., Rn 62.
[165] ders., Rn 67.
[166] ders., Rn 71.

Dies wird mitunter anhand des *status quo* der GRC sowie der Rechtsprechung des EGMR begründet, in welcher den Vertragsstaaten in jedem Fall ein sehr weiter Ermessensspielraum gewährt wird. D.h., je nachdem, ob ein Vertragsstaat das ungeborene Leben auf nationaler Ebene schützt oder nicht, kann das Urteil für oder gegen die Embryonen ergehen. Gleichermaßen lässt auch die EKMR die Frage über den Lebensbeginn offen. Zwar können auch positive Schutzpflichten auf europäischer Ebene entstehen, aber diese werden nur relevant, wenn das werdende Leben auf nationaler Ebene Rechtsträger ist. Im gegenteiligen Fall kann der Embryo, der kein Rechtsträger im nationalen Recht ist, diese Rechte nicht beanspruchen.

Wenn auch umstritten, existiert das Recht auf Unversehrtheit auch für Embryonen aufgrund der weiten Interpretation zum Zwecke des Erreichens einer einheitlichen Struktur im Zusammenhang mit dem Embryonenschutz. Medizinrechtlich ist es jedoch im Rahmen des therapeutischen Klonens erlaubt, *in vitro* erzeugte Embryonen zur Stammzellgewinnung zu vernichten. Überdies wird die kontroverse Diskussion über die Menschenwürde der Embryonen auch in der Oviedo Konvention fortgeführt. Auch wenn Art. 18 BMK den angemessenen Schutz von künstlich erzeugten Embryonen in der Forschung fordert, verbleibt die Definition weiterhin auf nationaler Ebene, sodass auch in diesem Rahmen die verbrauchende Embryonenforschung nicht verboten ist. Ferner wird im Klonprotokoll zwar das Klonverbot verankert, aber die Auslegung wird wieder den Vertragsstaaten überlassen. Der Entwurf eines Zusatzprotokolls bzgl. Embryonen und Föten bleibt auch ineffektiv wegen des europäischen Dissenses.

Fakt ist, dass bislang die Herleitung des Embryonenschutzes auf einem menschenrechtlichen Ansatz beruht, denn materiell wird zumeist die Beziehung zwischen der Würde des Menschen und dem Schutz des pränatalen Lebens analysiert.[167] Aber wie schon dargelegt, existiert bislang kein effektiver menschenrechtlicher Schutz von Embryonen bzw. embryonaler Stammzellen auf europäischer Ebene, da es bisher keinen europäischen Grundkonsens über den Lebensbeginn sowie das Menschsein gibt.[168] Es wird auch sehr schwer sein, dieses Problem künftig allmählich zu lösen, da ein internationaler - oder zumindest europäischer - Konsens in dieser Materie nicht wirklich erreichbar zu sein scheint, wegen der verschiedenen Werte der zahlreichen (Vertrags-)Staaten.[169] Ein Ansatz auf europäischer Ebene

---

[167] *Haßmann*, Embryonenschutz, 262.
[168] ders.
[169] ders.

könnte aber wie folgt aussehen: Wenn der Schutz des werdenden Lebens als Gemeinschaftsrechtsgut anerkannt würde, dann wäre es möglich, diese mit dem gleichen Rang der Forschungsfreiheit zu betrachten, sodass Schutzvorschriften bzgl. des ungeborenen Lebens begründet werden könnten, um Eingriffe in die Forschungsfreiheit zu rechtfertigen.[170] Dies ist ein erster Schritt zur Bildung eines europäischen Konzepts für den Schutz des pränatalen Lebens in der Forschung.[171]

---

[170] ders., 262 f.
[171] ders., 263.

3 Kollision des Embryonenschutzes mit der Forschungsfreiheit auf europäischer Ebene

Zunächst wird das unionsrechtliche Sekundärrecht bzgl. des Embryonenschutzes (I) herangezogen und danach die Forschungsfreiheit in Europa (II) zentralisiert. Daraufhin werden die in der EU zulässigen Embryonenforschungsprogramme (III) konkretisiert. Letztlich wird diskutiert, ob es in Europa eher eine Tendenz zum Embryonenschutz oder zur Forschung (IV) gibt.

3.1 Sekundärrechtlicher Embryonenschutz vs. sekundärrechtlich erlaubte Eingriffe

Vorliegend werden die Geweberichtlinie[172] (1) und die ATMP-Verordnung[173] (2) analysiert.

3.1.1 Gewährleistungen der Geweberichtlinie (RL 2004/23/EG)

Die Verwertung humaner Zellen und Gewebe ist mittlerweile im medizinischen Sektor unentbehrlich geworden.[174] Nach dem Wortlaut des Erwägungsgrunds 31 besteht das Ziel der Geweberichtlinie darin, „die Festlegung hoher Qualitäts- und Sicherheitsstandards für menschliche Gewebe und Zellen in der gesamten Gemeinschaft" zu erreichen. Denn nach Art. 1 derselben Richtlinie wird die Gewährleistung eines hohen Gesundheitsniveaus angestrebt. In ihren Geltungsbereich fallen gemäß dem Erwägungsgrund 7 u.a. Geschlechtszellen, d.h. Ei- und Samenzellen, fötale Gewebe und Zellen sowie adulte und embryonale Stammzellen. Trotzdem existiert keine Ausführung über die Verwendung humaner embryonaler Stammzellen in der Forschung.[175] Diese Richtlinie dient lediglich dazu, Mindeststandards in

---

[172] Richtlinie 2004/23/EG des Europäischen Parlaments und des Rates vom 31. März 2004 zur Festlegung von Qualitäts- und Sicherheitsstandards für die Spende, Beschaffung, Testung, Verarbeitung, Konservierung, Lagerung und Verteilung von menschlichen Geweben und Zellen, ABl. der EU L 102 vom 7.4.2004, 48 ff.

[173] Verordnung (EG) Nr. 1394/2007 des Europäischen Parlaments und des Rates vom 13. November 2007 über Arzneimittel für neuartige Therapien und zur Änderung der Richtlinie 2001/83/EG und der Verordnung (EG) Nr. 726/2004, ABl. der EU L 324 vom 10.12.2007, 121 ff.

[174] *Heinemann/Löllgen*, PharmR 2007, 183 (183); *Hübner et al.*, MedR 2007, 16 (17).

[175] *Timke*, Patentierung embryonaler Stammzellen, 192.

diesem medizinischen Bereich zu gewähren.[176] Dies kann auch aus dem Erwägungsgrund 4 abgeleitet werden, in welchem der dringende Bedarf von einheitlichen Rahmenbedingungen aufgegriffen wird zur Gewährleistung hoher Qualitäts- und Sicherheitsstandards bei der Beschaffung, Testung, Verarbeitung, Lagerung und Verteilung von Geweben und Zellen in der EU sowie zur Erleichterung ihres Austausches für Patienten.[177] Allerdings wird im Erwägungsgrund 12 betont, dass durch die Geweberichtlinie keine Beeinträchtigung der Entscheidung der Mitgliedstaaten über die (Nicht-)Verwendung spezifischer menschlichen Zellen, inklusive Keimzellen und embryonale Stammzellen, beabsichtigt wird. Auch wird in derselben Bestimmung weiter ausgeführt, dass keine Einmischung in die mitgliedstaatliche Definition von ,Person' oder ,Individuum' erfolgt. Dementsprechend ist die Geweberichtlinie nur in solchen Mitgliedstaaten zu beachten, in denen auch die Nutzung embryonaler Stammzellen infrage kommt, da es im umgekehrten Fall sowieso schon verboten ist.[178] Zwar können die Mitgliedstaaten autonom über das Gestatten und die Nutzung embryonaler Stammzellen entscheiden, jedoch kann aus dem Gesamtkontext der Geweberichtlinie entnommen werden, dass zumindest auf der Unionsebene die grds. Verwendung von embryonalen Stammzellen, d.h. sowohl ihre Gewinnung als auch ihre Vernichtung, gebilligt wird.[179]

3.1.2 Bekräftigung der regenerativen Medizin mittels der ATMP-Verordnung (VO (EG) Nr. 1394/2007)

Gemäß Art. 1 der ATMP-Verordnung werden mit diesem Dokument spezielle Bestimmungen für die Genehmigung, Überwachung und Pharmakovigilanz (Überwachung der Arzneimittelsicherheit in der Phase seiner klinischen Entwicklung sowie fortlaufende Kontrolle von zugelassenen und anwendbaren Arzneimitteln)[180] von Arzneimitteln für neuartige Therapien dargelegt. Aus dem Erwägungsgrund 14 geht hervor, dass die ATMP-Verordnung die Geweberichtlinie ergänzt und folglich nicht ihren Grundsätzen zuwiderlaufen soll. Im Erwägungsgrund 7 wird

---

[176] vgl. *Brewe*, Embryonenschutz und Stammzellgesetz, 263 ff.; *Müller-Terpitz*, in: *Spickhoff* (Hrsg.), Medizinrecht, Art. 35 GRC, Rn 11; *Pannenbecker*, PharmR 2006, 363 (366).
[177] *Timke*, Patentierung embryonaler Stammzellen, 192.
[178] vgl. *Müller-Terpitz*, in: *Spickhoff* (Hrsg.), Medizinrecht, Art. 35 GRC, Rn 12; *Timke*, Patentierung embryonaler Stammzellen, 197.
[179] *Plomer*, in: *Plomer/Torremans* (Hrsg.), Embryonic Stem Cell Patents, 173 (180).
[180] *Arzneimittelkommission der Deutschen Ärzteschaft*, Pharmakovigilanz, 5.

verdeutlicht, dass diese Verordnung nicht in die Entscheidung der Mitgliedstaaten hinsichtlich der Zulässigkeit der Verwendung embryonaler Stammzellen eingreift. Wird der Fokus erneut auf Art. 1 i.V.m. Art. 2 I lit. a, b der ATMP-Verordnung gelegt, so sind im Ausdruck ‚neuartige Therapien' u.a. auch ‚biologisch bearbeitete Gewebeprodukte' bzw. ‚tissue engineered products' inbegriffen.[181] Der Zweck der ‚tissue engineered products' liegt darin, *in vitro* gezüchtete Organe und Gewebe zur Heilung defekter Organe zu verwenden.[182] Da embryonale Stammzellen die in der Legaldefinition von ‚tissue engineered products' im letzten Spiegelstrich von Art. 2 I lit. b der ATMP-Verordnung geforderten „Eigenschaften zur Regeneration, Wiederherstellung oder zum Ersatz menschlichen Gewebes" beinhalten, sind diese auch in den Anwendungsbereich der Verordnung eingeschlossen.[183] Mit dieser Verordnung wird somit auf spezifische Weise die regenerative Medizin abgedeckt, in welcher auch embryonale Stammzellen verwendet werden, die gerade aufgrund ihrer Totipotenz zur Züchtung von Organen und Geweben geeignet sind.[184] Daraus folgt, dass auch im Gesamtkontext der ATMP-Verordnung die Kommerzialisierung und Verwendung von embryonalen Stammzellen rechtlich auf Unionsebene zulässig ist, selbst wenn die Stammzellgewinnung zu Therapiezwecken die Zerstörung von künstlich erzeugten Embryonen voraussetzt.[185]

3.2 Gewährleistung der Forschungsfreiheit in Europa

Zunächst wird die europäische Forschungspolitik generell (1) thematisiert. Danach wird die Forschungsfreiheit im Rahmen der GRC (2) und daran anknüpfend in der EMRK (3) erläutert.

3.2.1 Sinn und Zweck der europäischen Forschungspolitik

Nach *Hans F. Zacher*[186] ist Forschung einerseits Zweck in sich und andererseits Mittel zum Zweck. Denn im Falle der Forschung an humanem Material, wie beispielsweise menschlicher embryonaler Stammzellen anstelle von tierischen Zellen,

---

[181] vgl. *Timke*, Patentierung embryonaler Stammzellen, 198.
[182] *Heinemann/Schickert*, PharmR 2006, 408 (410).
[183] *Timke*, Patentierung embryonaler Stammzellen, 201.
[184] *Plomer*, in: *Plomer/Torremans* (Hrsg.), Embryonic Stem Cell Patents, 173 (180).
[185] *Timke*, Patentierung embryonaler Stammzellen, 202.
[186] *Zacher*, in: *Martinek et al.* (Hrsg.), Festschrift für Günther Jahr zum 70. Geburtstag, 199 (200).

können viel substanzhaltigere Resultate erhalten werden.[187] In diesem Zusammenhang ist die Diskussion über den Status und Schutz des pränatalen Lebens enorm wichtig, da diese neben der künstlichen Erzeugung von Embryonen, die für eine künstliche Befruchtung unentbehrlich ist, auch ihre Vernichtung zu Forschungszwecken umfasst.[188] Es darf auch nicht außer Betracht gelassen werden, dass neben den *in vitro* Embryonen auch genetisch reprogrammierte Klonembryonen existieren, deren Entwicklung bei Menschen viel erfolgreicher sind als bei den Tieren.[189] Aus diesen Gründen ist es von Bedeutung, dass ein einheitlicher europäischer Rahmen in der Forschung existiert. Während die Forschungspolitik für die Europäische Gemeinschaft für Kohle und Stahl lediglich eine Aufgabe am Rande war, bildete sie für die Europäische Atomgemeinschaft einen wichtigen Kern.[190] Seither ist die Forschung ein wichtiger Bestandteil der europäischen Politik und keine Randerscheinung mehr.[191] Gemäß Art. 168 I UA 2 AEUV[192] ergänzt die EU die Politik der Mitgliedstaaten, spezifisch im Rahmen der Gesundheit, wobei die Erforschung der Ursachen, der Übertragung und der Verhütung von Krankheiten sowie Gesundheitsinformation und Gesundheitserziehung gefördert werden. Folglich ist die Prävention von Human-krankheiten eines der wichtigsten Tätigkeitsfelder der EU.[193] Aber nach Art. 168 VII 1 AEUV wird die Verantwortung der Mitgliedstaaten für die Festlegung ihrer Gesundheitspolitik sowie für die Organisation des Gesundheitswesens und die medizinische Versorgung gewahrt.

3.2.2 Schutz der Forschungsfreiheit in der GRC und der EMRK

Nach dem Wortlaut von Art. 13 S. 1 GRC sind Kunst und Forschung frei. Dabei ist unter ‚Forschung' ein sehr weiter Begriff zu verstehen, der neben vorbereitenden und unterstützenden Tätigkeiten auch die private Forschung und sonstige forschungsbezogene Aktivitäten enthält.[194] Dagegen wird die Forschungsfreiheit

---

[187] *Kreß*, Bundesgesundheitsblatt 2008, 965 (968).
[188] *Seith*, Extrakorporaler Embryo, 262.
[189] ders., 272 f.
[190] *Zacher*, in: *Martinek et al.* (Hrsg.), Festschrift für Günther Jahr zum 70. Geburtstag, 199 (209).
[191] vgl. ders., 199 (209 ff.).
[192] Vertrag über die Arbeitsweise der Europäischen Union, Konsolidierte Fassung, ABl. der EU C 326 vom 26.10.2012, 47 ff.
[193] *Brewe*, Embryonenschutz und Stammzellgesetz, 261.
[194] *Bernsdorff*, in: *Meyer* (Hrsg.), GRC, Art. 13 GRC, Rn 15; *Jarass*, in: *Jarass* (Hrsg.), GR, Art. 13 GRC, Rn 7.

nicht explizit in der EMRK implementiert.[195] Der EGMR stützt diese aber indirekt auf Art. 10 EMRK (freie Meinungsäußerung).[196] Der in diesem Rahmen zentralisierte naturwissenschaftliche Forschungsbegriff enthält das eigenständige Experimentieren und das Erhalten von verwertbaren Ergebnissen.[197] Die Forschung an humanen embryonalen Stammzellen ist allerdings durch die vorliegend erläuterten kommunikativen Aspekte der wissenschaftlichen Betätigung nicht geschützt, da es sich bei der Embryonenforschung um eine nicht-kommunikative Forschungsbetätigung handelt.[198] Zwar wird die nicht-kommunikative Forschung in einigen Mitgliedstaaten geschützt, jedoch ist aufgrund der Schrankenregelung von Art. 10 II EMRK den Vertragsstaaten ein weiter Ermessensspielraum im Rahmen der kontroversen Embryonenforschung zuzubilligen.[199]

3.3 Zulässige Embryonenforschungsprogramme innerhalb der EU

Gemäß Art. 179 I AEUV hat die EU das Ziel, ihre wissenschaftlichen und technologischen Grundlagen durch die Schaffung eines europäischen Raums der Forschung zu stärken. Fraglich ist, ob es Förderungsvoraussetzungen (1) und Förderungsverbote (2) im Zusammenhang mit der Embryonenforschung gibt.

3.3.1 Förderungsvoraussetzungen für die Embryonenforschung

Nach Art. 182 I UA 1 AEUV stellen das Europäische Parlament und der Rat gemäß dem ordentlichen Gesetzgebungsverfahren ein mehrjähriges Rahmenprogramm u.a. im Bereich der Forschung auf, in dem alle Aktionen der Union zusammengefasst werden. Der Gegenstand der Forschungsprogramme spielt im Kontext der Zulässigkeit der Gewinnung und Nutzung von humanen embryonalen Stammzellen eine wichtige Rolle.[200] Denn ein Spielraum für die Konkretisierung durch die

---

[195] *Haßmann*, Embryonenschutz, 64.
[196] EGMR, Urt. v. 25.8.1998, Rs. 25181/94, Hertel/Schweiz, E-CLI:CE:ECHR:1998:0825JUD002518194, Rn 43 ff.; EGMR, Urt. v. 29.6.2004, Rs. 64915/01, Chauvy u.a./Frankreich, ECLI:CE:ECHR:2004:0629JUD006491501, Rn 43 ff.; *Haßmann*, Embryonenschutz, 64.
[197] *Haßmann*, Embryonenschutz, 65.
[198] ders.
[199] ders.
[200] *Timke*, Patentierung embryonaler Stammzellen, 182.

Mitgliedstaaten im Rahmen der Forschungsprogramme existiert aufgrund der unmittelbaren Unionskompetenz nicht.[201]

3.3.1.1 Sechstes Forschungsrahmenprogramm[202] (Beschluss Nr. 1513/2002/EG)

Nach dem Erwägungsgrund 17 des Beschlusses Nr. 1513/2002/EG sollen bei der Durchführung der Forschungsaktivitäten die ‚ethischen Grundprinzipien' respektiert werden, einschließlich derjenigen, die in der GRC niedergelegt sind. Mit Beachtung des pränatalen Lebens ist dieses sechste Forschungsrahmenprogramm durch ein weiteres spezielles Programm[203] hinsichtlich der Förderungsverbote bzgl. des Klonens und der Forschung an embryonalen Stammzellen erweitert worden.[204] Dieses Dokument enthält im Erwägungsgrund 13 die Ergänzung, dass die Forschung an humanen embryonalen Stammzellen ethischen Parametern unterliegt, die im Einklang mit dem wissenschaftlichen Kenntnisstand, der Stellungnahme der Europäischen Gruppe für Ethik und ggf. der nationalen und internationalen Ethikvorschriften und Ethiknormen aufzustellen sind. Überdies verweist der Anhang I des letzteren Dokuments auf die Oviedo Konvention sowie das Klonprotokoll. Im Anhang I wird ferner präzisiert, dass in sensiblen Bereichen - wie die Forschung an Embryonen bzw. humaner embryonaler Stammzellen - die Beachtung einzelstaatlicher Regelungen vorrangig ist und lediglich nur solche Projekte aus Unionsmitteln gefördert werden, die auch im betreffenden Mitgliedstaat erlaubt sind.[205] Vonseiten der Kommission wird in diesem Bereich bei Vorliegen von Vorschlägen zur Embryonenforschung systematisch eine ethische Prüfung durchgeführt, da es sich hierbei um ein ethisch sensibles Thema handelt.[206] Solche Projekte müssen außerdem für die vorgenannte ethische Prüfung einem Regelungs-

---

[201] ders.
[202] Beschluss Nr. 1513/2002/EG des Europäischen Parlaments und des Rates vom 27. Juni 2002 über das Sechste Rahmenprogramm der Europäischen Gemeinschaft im Bereich der Forschung, technologischen Entwicklung und Demonstration als Beitrag zur Verwirklichung des Europäischen Forschungsraums und zur Innovation (2002 bis 2006), ABl. der EU L 232 vom 29.8.2002, 1 ff.
[203] Entscheidung des Rates (2002/834/EG) vom 30. September 2002 über ein spezifisches Programm im Bereich der Forschung, technologischen Entwicklung und Demonstration: „Integration und Stärkung des Europäischen Forschungsraums" (2002 bis 2006), ABl. der EU L 294 vom 29.10.2002, 1 ff.
[204] *Timke*, Patentierung embryonaler Stammzellen, 103.
[205] Entscheidung des Rates (2002/834/EG), ABl. der EU L 294 vom 29.10.2002, 8.
[206] ders.

ausschuss vorgelegt werden.²⁰⁷ Denn Ziel dieses Forschungsrahmenprogramms sind u.a. die Entwicklung und Erprobung neuer Mittel und Therapien an embryonalen Stammzellen zur Krankheitsbekämpfung.²⁰⁸

3.3.1.2 Siebtes Forschungsrahmenprogramm²⁰⁹ (Beschluss Nr. 1982/2006/EG)

Gemäß dem Erwägungsgrund 8 des Beschlusses Nr. 1982/2006/EG baut das siebte Forschungsrahmenprogramm auf dem sechsten auf. Laut Erwägungsgrund 4 besteht vorliegend das Ziel vorrangig darin, die EU zum weltweit führenden Forschungsraum zu etablieren. Hierbei sollen nach Erwägungsgrund 30 ebenfalls die ‚ethischen Grundprinzipien' beachtet werden. Im Gegensatz zu dem sechsten Forschungsrahmenprogramm wird gemäß dem Wortlaut von Art. 6 Nr. 3 des Beschlusses Nr. 1982/2006/EG die Förderung der Forschung an humanen embryonalen Stammzellen nach Maßgabe des Inhalts des wissenschaftlichen Vorschlags sowie der rechtlichen Rahmenbedingungen der Mitgliedstaaten explizit stattgegeben. Daraus kann geschlossen werden, dass die Forschung an menschlichen embryonalen Stammzellen zumindest auf Unionsebene gebilligt und finanziell gefördert wird.

3.3.2 Förderungsverbote als Grenzen der Embryonenforschung

Die schon erläuterten Forschungsrahmenprogramme stellen nicht nur Förderungsvoraussetzungen auf, sondern beinhalten zudem spezifische Förderungsverbote auf der Unionsebene.

3.3.2.1 Forschung an überzähligen und verworfenen Embryonen

Es ist fraglich, ob die Vernichtung von überzähligen künstlich erzeugten Embryonen zu Forschungszwecken gefördert werden kann, d.h., ob die Förderung der verbrauchenden Embryonenforschung gestattet ist.²¹⁰ Ein ausdrückliches Verbot kann aus dem sechsten Forschungsrahmenprogramm nicht entnommen

---

²⁰⁷ ders.
²⁰⁸ ders., 10.
²⁰⁹ Beschluss Nr. 1982/2006/EG des Europäischen Parlaments und des Rates vom 18. Dezember 2006 über das Siebte Rahmenprogramm der Europäischen Gemeinschaft für Forschung, technologische Entwicklung und Demonstration (2007 bis 2013), ABl. der EU L 412 vom 30.12.2006, 1 ff.
²¹⁰ *Petersen/Vöneky*, EuR 2006, 340 (360).

werden.[211] Auf ein ergänzendes Moratorium hinsichtlich der Forschungsaktivitäten zur Gewinnung embryonaler Stammzellen hat die Europäische Kommission verzichtet.[212] Jedoch ist im Kontext des siebten Forschungsrahmenprogramms in Art. 6 Nr. 2 im letzten Spiegelstrich des Beschlusses Nr. 1982/2006/EG ausdrücklich verankert worden, dass Forschungsbetätigungen zur Züchtung menschlicher Embryonen ausschließlich zu Forschungszwecken oder zur Gewinnung embryonaler Stammzellen vonseiten der EU nicht gefördert werden. Da die Norm lediglich die Ausdrücke ‚Züchtung' und ‚Gewinnung' beinhaltet, kann *e contrario* daraus gefolgert werden, dass die ‚Verwendung' überzähliger Embryonen nicht im Förderungsverbot inbegriffen sind.[213]

3.3.2.2 Herstellung von künstlichen Embryonen zu Forschungszwecken

Im Anhang I der Entscheidung des Rates Nr. 2002/834/EG ist verankert, dass keine Finanzierung der Forschungstätigkeiten zur Züchtung menschlicher Embryonen ausschließlich zu Forschungszwecken oder zur Gewinnung von Stammzellen erfolgt.[214] Dies umfasst auch die Erzeugung von künstlichen Embryonen zur Gewinnung humaner embryonaler Stammzellen ausschließlich zu Forschungszwecken.[215] Während im Rahmen von Art. 18 II BMK lediglich die Erzeugung menschlicher Embryonen zu Forschungszwecken verboten wird, wird in diesem viel weiter reichenden Förderungsverbot schon bei der ‚Züchtung' von Embryonen zur Stammzellgewinnung angesetzt.[216] Auch wenn die Definition des Begriffs ‚Embryo' nicht im sechsten Forschungsrahmenprogramm erfasst ist, kann durch das ausdrücklich Verbot der Stammzellgewinnung abgeleitet werden, dass zumindest die Blastomere im undefinierten Embryonenbegriff inbegriffen sind.[217] Die entsprechende Vorschrift im siebten Forschungsrahmenprogramm basiert auf der eben erläuterten Bestimmung.[218]

---

[211] ders.; vgl. *Timke*, Patentierung embryonaler Stammzellen, 186.
[212] *Timke*, Patentierung embryonaler Stammzellen, 187.
[213] ders., 188 f.
[214] Entscheidung des Rates (2002/834/EG), ABl. der EU L 294 vom 29.10.2002, 8.
[215] *Timke*, Patentierung embryonaler Stammzellen, 185.
[216] ders.
[217] ders.
[218] ders., 188.

3.4 Kollidierende Grundrechte der Embryonen mit der Forschungsfreiheit: Pro-Embryonenschutz oder Pro-Embryonenforschung?

Die zentrale Frage besteht darin, ob im Rahmen der Forschungsfreiheit durch europäische Forschungsrahmenprogramme die anerkannten Rechte der Embryonen beeinträchtigt werden. Während einerseits das Recht auf Gesundheit gemäß Art. 35 GRC oder aber ein gewünschtes Recht auf Therapie und Heilung der Kranken mittels solcher Forschungsprogramme gewährt wird, müssen diese andererseits mit dem Schutz des ungeborenen Lebens im Rahmen der Forschung zum Zweck heilender Praktiken und Medizin abgewägt werden. Wie schon erläutert, gestatten die Geweberichtlinie und die ATMP-Verordnung die Kommerzialisierung und Verwertung humaner embryonaler Stammzellen auf Unionsebene. Dabei wird in beiden Fällen die Zulässigkeit der Embryonenforschung den Mitgliedstaaten überlassen. Daraus wird geschlossen, dass es auch vorliegend keinen einheitlichen europäischen Rahmen hinsichtlich der Zulässigkeit der Embryonenforschung gibt. Dennoch bleibt die europäische Forschungspolitik sehr wichtig zur Prävention von Krankheiten, u.a., aufgrund der barrierefreien und grenzenlosen Mobilität innerhalb der EU. Wie oben schon analysiert und festgestellt wurde, wird der Schutz des pränatalen Lebens in Europa aufgrund des europäischen Dissenses vernachlässigt, sodass den Staaten ein weiter Einschätzungsspielraum zusteht.

Innerhalb der EU sind die Forschungsrahmenprogramme allerdings von großer Bedeutung, da die EU - unter Beachtung des Subsidiaritätsprinzips - über eine gewisse Gesetzgebungskompetenz in dieser Materie verfügt. Zudem wird unter Beachtung der ethischen Grundprinzipien die Förderung der embryonalen Stammzellforschung ausdrücklich in den Forschungsrahmenprogrammen erlaubt. Zwar existiert kein explizites Verbot hinsichtlich der Forschung an überzähligen Embryonen, jedoch wird die Förderung zur Züchtung von *in vitro* Embryonen ausschließlich zu Forschungszwecken eindeutig verboten. Doch für ein unionsweites Forschungsverbot an Embryonen fehlt der EU schlicht und einfach die rechtliche Grundlage.[219] Bzgl. des Status und des Schutzes des werdenden Lebens tragen die beiden erläuterten Forschungsrahmenprogramme bei, dass die EU ihren Handlungsrahmen aufgrund des massiven politischen Drucks verringert, obwohl der

---

[219] ders., 190.

bioethische Konsens auf europäischer Ebene dies nicht erfordert.[220] Allerdings ist der Schutz des extrakorporalen Embryos vor einer finanzierten Vernichtung in der Forschung lediglich indirekt angelegt und aus diesem Grund nicht erheblich für die Statusbestimmung.[221]

---

[220] *Petersen/Vöneky*, EuR 2006, 340 (362).
[221] ders.

4 Patentierbarkeit embryonaler Stammzellerfindungen und ihre Kompatibilität mit den Menschenrechten

Die Analyse verschiedener europäischer Vorschriften hat gezeigt, dass die Embryonenforschung in die Rechte des ungeborenen Lebens eingreifen kann. Fraglich ist, ob auch ein Eingriff in die Rechte von Embryonen durch die Patentierung embryonaler Stammzellerfindungen erfolgen kann. Dazu werden die rechtlich relevanten Vorschriften des TRIPS-Abkommens[222] (I), die Biopatent-Richtlinie[223] (II) und das Europäische Patentübereinkommen[224] (EPÜ) (III) analysiert, um die Vereinbarkeit (IV) mit den Menschenrechten klarzustellen.

4.1 Unionsrechtlich maßgebliche Voraussetzungen des TRIPS-Abkommens bzgl. der Patentierbarkeit embryonaler Stammzellen

In diesem Rahmen werden das Diskriminierungsverbot gemäß Art. 27 I des TRIPS-Abkommens (1) sowie die Möglichkeit der Einführung von Patentverboten nach Art. 27 II des TRIPS-Abkommens (2) näher betrachtet.

4.1.1 Diskriminierungsverbot des Art. 27 I des TRIPS-Abkommens als die ökonomisch wesentlichste patentrechtliche Vorschrift

Die Legaldefinition patentfähiger Gegenstände ist in Art. 27 I 1 des TRIPS-Abkommens verankert: „[...] patents shall be available for any inventions, whether products or processes, in all fields of technology, provided that they are new, involve an inventive step and are capable of industrial application." Für den Patentschutz müssen somit drei Mindestvoraussetzungen erfüllt sein: (1) die Erfindung muss neu sein, (2) auf einer erfinderischen Tätigkeit beruhen und (3) gewerblich anwendbar

---

[222] Agreement on Trade-Related Aspects of Intellectual Property Rights vom 15.4.1994, Marrakesh Agreement Establishing the World Trade Organization, Annex 1C, 1869 U.N.T.S. 299, 33 I.L.M. 1197 (1994).

[223] Richtlinie 98/44/EG des Europäischen Parlaments und des Rates vom 6. Juli 1998 über den rechtlichen Schutz biotechnologischer Erfindungen, ABl. der EU L 213 vom 30.7.1998, 13 ff.

[224] Übereinkommen über die Erteilung europäischer Patente (Europäisches Patentübereinkommen) vom 5.10.1973, in der Fassung der Akte zur Revision von Artikel 63 EPÜ vom 17. Dezember 1991 und der Akte zur Revision des EPÜ vom 29. November 2000, abrufbar unter: http://documents.epo.org/projects/babylon/epo-net.nsf/0/029F2DA107DD667FC125825F005311DA/$File/EPC_16th_edition_2016_de.pdf.

sein.[225] Ist dies der Fall, dürfen diese nach Art. 27 I 2 des TRIPS-Abkommens nicht diskriminiert werden. Demnach verpflichtet diese Norm die Vertragsstaaten dazu, Erzeugnis- und Verfahrenserfindungen in sämtlichen Technologiebereichen patentrechtlich zu schützen.[226] Auch wenn daraus geschlossen werden kann, dass biotechnologische Erfindungen mit eingeschlossen sind, werden die Vertragsstaaten nicht dazu gezwungen, künstlich erzeugte Embryonen bzw. embryonale Stammzellen mittels Erzeugnis- oder Verfahrenspatente zu schützen.[227] Da die Legaldefinition keine Ausgestaltung von ‚invention' und ‚technology' enthält, kann gefolgert werden, dass den Staaten ein Konkretisierungsspielraum gestattet wird.[228] Somit können die Mitglieder auch Verbote für Erzeugnispatente bzgl. künstlich erzeugter Embryonen oder embryonaler Stammzellen auferlegen.[229]

4.1.2 Mögliche Einführung von Patentverboten gemäß Art. 27 II des TRIPS-Abkommens

Ist die Verhinderung der gewerblichen Verwertung von Erfindungen zum Schutz des *ordre public*, der guten Sitten (einschließlich des Schutzes des Lebens, der Gesundheit von Menschen, Tieren oder Pflanzen) sowie zur Vermeidung der ernsten Schädigung der Umwelt notwendig, kann ein Vertragsstaat gemäß Art. 27 II des TRIPS-Abkommens Erfindungen von der Patentierbarkeit ausschließen, unter der Bedingung, dass der Ausschluss nicht nur wegen innerstaatlichen Rechts erfolgt.[230] Dabei hat die gewerbliche Verwertung einen zukunftsbezogenen Charakter und schließt im Rahmen der Aufstellung des Patentverbots die ggf. rechtswidrige Entstehung der Erfindung nicht ein.[231] Aber einfache Verbote allein aufgrund des innerstaatlichen Rechts sollen hierbei ebenso wenig ausreichen.[232] Vorausgesetzt wird allerdings, dass die Verhinderung der gewerblichen Verwertung der

---

[225] *Feldges*, GRUR 2005, 977 (982); *Straus*, GRUR Int. 1996, 179 (188); *Timke*, Patentierung embryonaler Stammzellen, 237; *Van den Bossche/Zdouc*, Law and Policy of the WTO, 1033; *Van Overwalle*, in: *Baumgartner/Mieth* (Hrsg.), Patente am Leben?, 145 (148).
[226] *Albers*, JZ 2003, 275 (276); *Feldges*, GRUR 2005, 977 (982); *Straus*, GRUR Int. 1996, 179 (188).
[227] *Timke*, Patentierung embryonaler Stammzellen, 238.
[228] *Kunczik*, Geistiges Eigentum an genetischen Informationen, 66.
[229] *Timke*, Patentierung embryonaler Stammzellen, 238.
[230] *Van den Bossche/Zdouc*, Law and Policy of the WTO, 1034.
[231] *Timke*, Patentierung embryonaler Stammzellen, 239.
[232] *Straus*, GRUR Int. 1996, 179 (189).

Erfindung zum Schutz der vorliegend nicht weiter konkretisierten Schranken ‚notwendig' sein muss.[233] Daraus wird gefolgert, dass ein Patentverbot nur denkbar ist, wenn ein korrespondierendes Verwertungsverbot existiert.[234] D.h., ist die Forschung an *in vitro* Embryonen bzw. daraus gewonnenen embryonalen Stammzellen nicht verboten, so muss auch die Patentierung der Erfindung zulässig sein.[235]

4.2 Patentierung embryonaler Stammzellerfindungen im Rahmen der Biopatent- Richtlinie (RL 98/44/EG)

Vorliegend wird analysiert, ob das ungeborene Leben (1) durch diese Richtlinie geschützt wird. Anschließend werden das autonome Patentverbot (2) sowie die patenthindernde Generalklausel (3) dargelegt. Letztlich wird die Rechtsprechung zu dieser Thematik (4) erläutert.

4.2.1 Erstreckung des Schutzbereichs der Biopatent-Richtlinie auf das pränatale Leben

Fraglich ist, ob die Biopatent-Richtlinie das ungeborene Leben umfasst. Auch in diesem Kontext existiert keine Legaldefinition hinsichtlich des pränatalen Lebens innerhalb der EU.[236] Solche begriffliche Unklarheiten bewirken v.a. Rechtsunsicherheit, da nicht ersichtlich ist, ab wann das werdende Leben geschützt wird und unter welchen Voraussetzungen die Patentierung nicht erlaubt bzw. rechtswidrig ist.[237] Demzufolge ist die Auslegung des Embryonenbegriffs notwendig. Aus diversen Dokumenten[238] kann entnommen werden, dass der Embryonenbegriff zunächst implizit mit dem Ausdruck ‚menschlicher Körper' kodifiziert und später

---

[233] ders.
[234] *Schatz*, GRUR Int. 2006, 879 (888); vgl. *Straus*, GRUR Int. 1996, 179 (189).
[235] *Timke*, Patentierung embryonaler Stammzellen, 240.
[236] *Herdegen*, GRUR Int. 2000, 859 (862); *Herrmann/Rowlandson*, JIBL 2008, 241 (244).
[237] *Verdier-Büschel*, ZfL 2012, 120 (121).
[238] Gemeinsamer Standpunkt (EG) Nr. 4/94 vom 7. Februar 1994, vom Rat festgelegt gemäß dem Verfahren des Artikels 189b des Vertrages zur Gründung der Europäischen Gemeinschaft im Hinblick auf die Annahme einer Richtlinie des Europäischen Parlaments und des Rates über den rechtlichen Schutz für biotechnologische Erfindungen, ABl. der EG C 101 vom 9.4.1994, 65 ff.; Stellungnahme des Wirtschafts- und Sozialausschusses zu dem „Vorschlag für eine Richtlinie des Europäischen Parlaments und des Rates über den rechtlichen Schutz biotechnologischer Erfindungen", ABl. der EG C 295 vom 7.10.1996, 11 ff.; Gemeinsamer Standpunkt (EG) Nr. 19/98 vom Rat festgelegt am 26. Februar 1998 im Hinblick auf den Erlaß der Richtlinie 98/.../EG des Europäischen Parlaments und des Rates vom ... über den rechtlichen Schutz biotechnologischer Erfindungen, ABl. der EG   C 110 vom 8.4.1998, 17 ff.

durch die Bezeichnung ‚Phasen der Entstehung' verkörpert wurde, da der menschliche Körper sich schon mit der Entstehungsphase herausbildet.[239] Unklar bleibt dennoch, welche Voraussetzungen in der Entstehungsphase vorliegen müssen.[240] Es erscheint plausibel, dass menschliche embryonale Stammzellen jedenfalls dann nicht patentierbar sein müssten, wenn sie totipotent sind, weil sie sich in diesem Stadium zu einem vollständigen menschlichen Körper entwickeln können.[241] Dagegen könnten pluripotente humane embryonale Stammzellen zum Gegenstand patentierbarer Erfindungen werden, da diese sich zwar zu jedem Zelltyp differenzieren können, aber über kein Potenzial zur Bildung eines intakten menschlichen Individuums verfügen.[242] Die Bedeutung der potentiellen Entwicklung von embryonalen Stammzellen zu einem menschlichen Körper ist sehr wichtig und wird nachfolgend erläutert.

4.2.2 Autonomes Patentverbot in Art. 5 I der RL 98/44/EG bzgl. des menschlichen Körpers

Gemäß Art. 5 I der Biopatent-Richtlinie wird der menschliche Körper in den einzelnen Phasen seiner Entstehung und Entwicklung von der Patentierbarkeit ausgeschlossen.[243] Weiterhin wird in Erwägungsgrund 16 ausgeführt, dass bei der Ausübung des Patentrechts die Grundprinzipien - wie beispielsweise die Menschenwürde - gewahrt werden müssen und dass der menschliche Körper in allen Phasen seiner Entstehung und Entwicklung, einschließlich der Keimzellen, nicht patentierbar ist.[244] Diese Vorschrift gilt insbesondere für *in utero* Embryonen.[245] Jedoch reicht dieses Argument hinsichtlich des Patentverbots für Erzeugnispatente in Bezug auf künstlich erzeugte Embryonen bzw. humane embryonale Stammzellen nicht aus, da die Würde des pränatalen Lebens innerhalb der EU nicht

---

[239] *Timke*, Patentierung embryonaler Stammzellen, 296.
[240] ders., 297.
[241] *Dederer*, in: *Ganea et al.* (Hrsg.), Patentschutz und Stammzellforschung, 11 (32); vgl. *Ruster*, Patentschutz für menschliche Stammzellen, 130 f.
[242] *Dederer*, in: *Ganea et al.* (Hrsg.), Patentschutz und Stammzellforschung, 11 (33); vgl. *Ruster*, Patentschutz für menschliche Stammzellen, 128 ff.; zur Definition von Pluripotenz: *Heinemann*, in: *Heinemann/Kersten* (Hrsg.), Stammzellforschung, 19 (22 f.) sowie www.zellux.net.
[243] *Timke*, Patentierung embryonaler Stammzellen, 270.
[244] *Meiser*, Biopatentierung und Menschenwürde, 154; *Ruster*, Patentschutz für menschliche Stammzellen, 95 f.; *Timke*, Patentierung embryonaler Stammzellen, 271.
[245] *Herrmann/Rowlandson*, JIBL 2008, 241 (245).

allumfassend und einheitlich geschützt wird.[246] Darüber hinaus wird in Erwägungsgrund 20 präzisiert, dass jene Erfindungen weiterhin patentierbar bleiben, die einen isolierten Bestandteil des menschlichen Körpers oder einen auf andere Art durch ein technisches Verfahren erzeugten Bestandteil betreffen und gewerblich anwendbar sind.[247] Somit können Erzeugnisse aus pluripotenten *in vitro* Embryonen Erfindungen sein, die patentierbar sind, ungeachtet der Methode ihrer Gewinnung.[248]

4.2.3 Patenthindernde Generalklausel des Art. 6 I der RL 98/44/EG

Gemäß Art. 6 I der Biopatent-Richtlinie sind Erfindungen, deren gewerbliche Verwertung gegen die öffentliche Ordnung oder die guten Sitten verstoßen würde, von der Patentierbarkeit ausgenommen, wobei solch ein Verstoß nicht lediglich aus dem Verbot der Verwertung durch Rechts- oder Verwaltungsvorschriften resultieren darf. Dabei werden in Art. 6 II derselben Richtlinie nicht abschließende Beispiele für nicht patentierbare Erfindungen genannt, u.a. die Verwendung von menschlichen Embryonen zu industriellen und kommerziellen Zwecken (lit. c).[249] Darunter sind aber nur solche Erfindungen bzgl. des in Art. 6 II lit. c der Richtlinie genannten Beispiels zu verstehen, die gleichzeitig gemäß Art. 6 I derselben Richtlinie gegen die öffentliche Ordnung oder die guten Sitten verstoßen.[250] Aber durch welche Verfahren konkret ein Verstoß gegen Art. 6 I der RL 98/44/EG vorliegt, kann mittels des Patentrechts nicht präzisiert werden, da ‚*ordre public*' und ‚gute Sitten' dynamisch ausgelegt werden sollen und folglich den Inbegriff einer sich kontinuierlich entwickelnden Rechts- und Werteordnung darstellen.[251] Paradoxerweise wird durch Art. 6 II der Biopatent-Richtlinie ein Bruch mit der Dynamik verursacht, da die aufgezählten Beispiele eine gewisse Statik mit sich bringen.[252] Auch wenn bzgl. des Embryonenbegriffs kein einheitlicher europäischer Konsens

---

[246] *Timke*, Patentierung embryonaler Stammzellen, 271, 288.
[247] *Ruster*, Patentschutz für menschliche Stammzellen, 96.
[248] *Timke*, Patentierung embryonaler Stammzellen, 289.
[249] *Herrmann/Rowlandson*, JIBL 2008, 241 (244); *Timke*, Patentierung embryonaler Stammzellen, 271 f.
[250] *Dederer*, in: *Ganea et al.* (Hrsg.), Patentschutz und Stammzellforschung, 11 (26); *Timke*, Patentierung embryonaler Stammzellen, 272.
[251] *Timke*, Patentierung embryonaler Stammzellen, 273.
[252] vgl. *Llewelyn*, EIPR 1997, 115 (121 f.).

existiert, verfügen die Mitgliedstaaten über einen innerstaatlichen, für sittliche Wertungen offenen Konkretisierungsspielraum.[253] Darüber hinaus kann die patenthindernde Generalklausel ebenfalls unter Beachtung der Menschenwürde im unionsrechtlichen Sinne in Erwägungsgrund 38 der Richtlinie, der anerkannten ethischen oder moralischen Grundsätze in Erwägungsgrund 39, der Übereinstimmung innerhalb der EU in Erwägungsgrund 40 sowie der unionsrechtlichen Grundrechte in Erwägungsgrund 43 ausgelegt und angewandt werden.[254] Jedoch ist im Rahmen der unionsgrundrechtlichen Analyse schon festgestellt worden, dass das pränatale Leben fast keinen unionsrechtlichen Grundrechtsschutz genießt. Dennoch besteht bei Art. 6 II lit. c der Biopatent-Richtlinie die Besonderheit, dass mittels der expliziten Kodifizierung der ‚Verwendung von menschlichen Embryonen zu industriellen oder kommerziellen Zwecken' eine unionsweite Harmonisierung beabsichtigt wird.[255] Diese Vorschrift ist sehr wichtig bzgl. der Gewinnung und Verwendung humaner embryonaler Stammzellen: Abgesehen davon, dass sowohl die Gewinnung als auch die Verwendung im Rahmen medizinischer Verfahren voneinander unabhängig jeweils ein Patentverbot darstellen können, sobald der Embryonenbegriff erfüllt ist, kann es auch vorkommen, dass die Verwendung von menschlichen embryonalen Stammzellen die Gewinnung dieser Zellen aus totipotenten *in vitro* Embryonen bedingt und folglich die Verwendung embryonaler Stammzellen gleichzeitig die Verwendung humaner Embryonen darstellt.[256] Es muss aber bedacht werden, dass das Verbot lediglich hinsichtlich industrieller oder kommerzieller Zwecke gilt, aber im Falle von therapeutischen oder diagnostischen Gründen bleiben embryonale Stammzellen laut dem zweiten Satz des Erwägungsgrunds 42 zu ihrem Nutzen dem Patentschutz zugänglich.[257]

---

[253] *Dederer*, in: *Ganea et al.* (Hrsg.), Patentschutz und Stammzellforschung, 11 (26).
[254] *Timke*, Patentierung embryonaler Stammzellen, 274 ff.
[255] *Dederer*, in: *Ganea et al.* (Hrsg.), Patentschutz und Stammzellforschung, 11 (26).
[256] *Timke*, Patentierung embryonaler Stammzellen, 315.
[257] ders.

4.2.4 Bedeutende Rechtsprechung des EuGH zur Biopatentierung

Nachfolgend werden wichtige Urteile des EuGH im Kontext der Biopatentierung erläutert.

4.2.4.1 Niederlande/Parlament und Rat[258] (Rs. C-377/98)

Vorliegend handelt es sich um eine Nichtigkeitsklage bzgl. der RL 98/44/EG, die von den Niederlanden - mit der Unterstützung von Italien und Norwegen - eingereicht worden ist.[259] Der Kläger hat zur Nichtigerklärung der Biopatent-Richtlinie sechs Klagegründe aufgeführt: (1) ex-Art. 100a des EG-Vertrages (aktuell Art. 114 AEUV) als falsche Rechtsgrundlage für die Richtlinie, (2) Verstoß gegen das Subsidiaritätsprinzip, (3) Verstoß gegen den Grundsatz der Rechtssicherheit, (4) Verletzung völkerrechtlicher Verpflichtungen, (5) Verletzung der Menschenwürde und (6) Verstoß gegen wesentliche Verfahrensvorschriften bei der Annahme des Vorschlags der Kommission.[260] V.a. in Bezug auf den fünften Klagegrund stützt sich der Kläger auf Art. 5 II der RL 98/44/EG und macht die Verletzung der Menschenwürde geltend, da die Patentierbarkeit von isolierten Bestandteilen des menschlichen Körpers eine Instrumentalisierung der lebenden menschlichen Materie darstelle.[261] Der Kläger betont hierbei die Patentierbarkeit als solche, denn die Gewährleistung eines eigentumsähnlichen Rechts an einer Materie, die zumindest teilidentisch mit dem menschlichen Individuum ist, sei ausreichend, um einen Verstoß gegen die unionsrechtliche Menschenwürde zu begründen.[262]

Der EuGH entgegnet hierzu, dass die Achtung der Menschenwürde durch das autonome Patentverbot in Art. 5 I derselben Richtlinie garantiert sei.[263] Der Gerichtshof verweist in diesem Rahmen auf den Wortlaut der Richtlinie.[264] Des Weiteren begründet dieser, dass zwar ein Bestandteil des menschlichen Körpers ein patentierbares Erzeugnis darstellen kann, dieser aber in seiner natürlichen Umgebung

---

[258] EuGH, Urt. v. 9.10.2001, Rs. C-377/98, Niederlande/Parlament und Rat, ECLI:EU:C:2001:523.
[259] ders., Rn 1 ff., 5.
[260] ders., Rn 12.
[261] ders., Rn 69.
[262] *Frahm/Gebauer*, EuR 2002, 78 (88).
[263] EuGH, Urt. v. 9.10.2001, Rs. C-377/98, Niederlande/Parlament und Rat, ECLI:EU:C:2001:523, Rn 71.
[264] *Timke*, Patentierung embryonaler Stammzellen, 305.

gerade nicht angeeignet werden kann.²⁶⁵ Dieses Argument wird mittels der zusätzlichen Garantie der Menschenwürde durch die in Art. 6 der Richtlinie verankerten Gründe verstärkt.²⁶⁶ Daraus wird gefolgert, dass die Biopatent-Richtlinie hinsichtlich der Patentierbarkeit menschlicher Substanzen so strenge Bestimmungen enthält, dass der menschliche Körper ‚unverfügbar' und ‚unveräußerlich' bleibt und somit die Menschenwürde gewährleistet wird.²⁶⁷ Folglich liegt keine Verletzung von Unionsgrundrechten vor.

4.2.4.2 Brüstle/Greenpeace e.V.²⁶⁸ (Rs. C-34/10)

In diesem Fall handelt es sich um ein Vorabentscheidungsverfahren im Kontext eines nationalen Verfahrens, das von Greenpeace e.v. eingeleitet worden ist zur Nichtigerklärung des von Brüstle eingetragenen deutschen Patents in Bezug auf neurale Vorläuferzellen und Verfahren zu deren Herstellung aus embryonalen Stammzellen und deren therapeutische Verwendung.²⁶⁹ Durch solche Vorläuferzellen und mittels eines von Brüstle entwickelten Verfahrens können neurale Defekte im Gehirngewebe behoben und Krankheiten wie Parkinson, multiple Sklerose und Schlaganfall gelindert werden.²⁷⁰ Das Patent soll ein Verfahren schützen, womit aus embryonalen Stammzellen gewonnene Vorläuferzellen mit neuralen Eigenschaften in unbegrenzter Menge hergestellt werden können.²⁷¹ Der Gerichtshof greift bzgl. der Vorlagefrage²⁷², was unter dem Embryonenbegriff in Art. 6 II lit. c der Biopatent-Richtlinie zu verstehen sei, seine Auffassung aus der Entscheidung „Niederlande/Parlament und Rat"²⁷³ auf und betont, dass der Unionsgesetzgeber beabsichtigte, jede Möglichkeit der Patentierung auszuschließen, der einen potentiellen Eingriff in die Menschenwürde darstellt.²⁷⁴ Dementsprechend sei der Embryonen-

---

[265] EuGH, Urt. v. 9.10.2001, Rs. C-377/98, Niederlande/Parlament und Rat, ECLI:EU:C:2001:523, Rn 73.
[266] ders., Rn 76.
[267] ders., Rn 77.
[268] EuGH, Urt. v. 18.10.2011, Rs. C-34/10, Brüstle/Greenpeace e.V., ECLI:EU:C:2011:669.
[269] ders., Rn 2, 15 f.
[270] ders., Rn 16 ff.; *Batista*, GRUR Int. 2013, 514 (514).
[271] *Kendziur/Klein*, GRUR-Prax 2011, 494 (494).
[272] EuGH, Urt. v. 18.10.2011, Rs. C-34/10, Brüstle/Greenpeace e.V., ECLI:EU:C:2011:669, Rn 23.
[273] EuGH, Urt. v. 9.10.2001, Rs. C-377/98, Niederlande/Parlament und Rat, ECLI:EU:C:2001:523.
[274] EuGH, Urt. v. 18.10.2011, Rs. C-34/10, Brüstle/Greenpeace e.V., ECLI:EU:C:2011:669, Rn 33 f.

begriff in Art. 6 II lit. c der Richtlinie weit auszulegen.[275] Das bedeutet wiederum, dass „[...] jede menschliche Eizelle vom Stadium ihrer Befruchtung an als ‚menschlicher Embryo' [...] anzusehen [ist], da die Befruchtung geeignet ist, den Prozess der Entwicklung eines Menschen in Gang zu setzen"[276]. Der Gerichtshof hebt weiter hervor, dass dies auch im Falle einer unbefruchteten menschlichen Eizelle gelte, in die ein Zellkern aus einer ausgereiften menschlichen Zelle transplantiert wird oder welche durch Parthenogenese zur Teilung sowie Weiterentwicklung angeregt wird, da solche Zellen wegen der verwendeten Technik auf besondere Art dazu geeignet seien, die Entwicklung eines Menschen zu bewirken.[277] In Bezug auf die Gewinnung humaner embryonaler Stammzellen, die sich im Blastozystenstadium befinden, überlasst der EuGH die Konkretisierung des Embryonenbegriffs unter der strittigen Bestimmung den nationalen Gerichten.[278] Somit hat der EuGH explizit klargestellt, dass zumindest Verfahren, die humane embryonale Stammzellen verwenden, nicht patentierbar sind, wenn die Stammzellen aus menschlichen Embryonen gewonnen werden.[279]

4.2.4.3 International Stem Cell Corporation/Comptroller General of Patents, Designs and Trade Marks[280] (Rs. C-364/13)

Auch hierbei handelt es sich um die Auslegung von Art. 6 II lit. c der RL 98/44/EG.[281] Das Vorabentscheidungsersuchen ist im Rahmen des Rechtsstreits zwischen International Stem Cell Corporation und Comptroller General of Patents, Designs and Trade Marks aufgrund der Zurückweisung der Anmeldung nationaler Patente wegen der Verwendung von ‚menschlichen Embryonen' gemäß dieser Vorschrift ergangen.[282] Der Gerichtshof verweist dabei auf die weite Auslegung des Embryonenbegriffs i.S.d. „Brüstle/Greenpeace e.V."[283]-Entscheidung.[284] Des

---

[275] ders.
[276] ders., Rn 35.
[277] ders., Rn 36.
[278] ders., Rn 37.
[279] ders., Tenor; Grund, BIO *spektrum* 07.11, 832 (832).
[280] EuGH, Urt. v. 18.12.2014, Rs. C-364/13, International Stem Cell Corporation/Comptroller General of Patents, Designs and Trade Marks, ECLI:EU:C:2014:2451.
[281] ders., Rn 1.
[282] ders., Rn 2.
[283] EuGH, Urt. v. 18.10.2011, Rs. C-34/10, Brüstle/Greenpeace e.V., ECLI:EU:C:2011:669.
[284] EuGH, Urt. v. 18.12.2014, Rs. C-364/13, International Stem Cell Corporation/Comptroller General of Patents, Designs and Trade Marks, ECLI:EU:C:2014:2451, Rn 23.

Weiteren greift der EuGH auf die Argumentation des Generalanwalts[285] zu diesem Fall zurück, für den das wichtigste Kriterium zur Feststellung von menschlichen Embryonen darin liegt, ob eine unbefruchtete Eizelle mit einer befruchteten Eizelle funktional korrespondiert, und folglich das ihr innewohnende Potenzial zur Herausbildung eines Menschen hat.[286] Da es sich vorliegend um das parthenogenetische Verfahren handelt, bei welchem lediglich unbefruchtete Eizellen verwendet werden, überlässt der Gerichtshof die Auslegung der ‚inhärenten Fähigkeit' solcher Zellen zur menschlichen Entwicklung den nationalen Gerichten.[287] Demnach hat der Gerichtshof erneut - wie auch schon in einem vorherigen Fall - den nationalen Gerichten die Auslegungsbefugnis hinsichtlich der nicht befruchteten Eizellen übertragen.

4.3 Schutz embryonaler Stammzellerfindungen im Europäischen Patentübereinkommen

Auch schon vor der RL 98/44/EG haben wichtige patentrechtliche Vorgaben im EPÜ existiert.

4.3.1 Gewährleistungen des Europäischen Patentübereinkommens

Nach dem Wortlaut von Art. 52 I EPÜ werden europäische Patente für Erfindungen erteilt, die neu sind, auf einer erfinderischen Tätigkeit beruhen und gewerblich anwendbar sind. Vom zweiten bis zum vierten Absatz findet schließlich die Abgrenzung zwischen patentfähigen und nicht schutzfähigen Gegenständen statt.[288] Ebenso wird in diesem Rahmen die ‚Erfindung' weder legaldefiniert noch abschließend geklärt.[289] Wie es auch in der Biopatent-Richtlinie der Fall ist, werden in Art. 53 EPÜ die Ausnahmen von der Patentierbarkeit geregelt. Dabei stellt Art. 53 lit. a EPÜ die patenthindernde Generalklausel dar.[290] Nach dem Wortlaut dieser

---

[285] Schlussanträge des Generalanwalts Pedro Cruz Villalón v. 17.7.2014, Rs. C-364/13, International Stem Cell Corporation/Comptroller General of Patents, ECLI:EU:C:2014:2104, Rn 73.
[286] EuGH, Urt. v. 18.12.2014, Rs. C-364/13, International Stem Cell Corporation/Comptroller General of Patents, Designs and Trade Marks, ECLI:EU:C:2014:2451, Rn 28 ff.
[287] ders., Rn 36.
[288] *Melullis*, in: *Ehlers/Kinkeldey* (Hrsg.), Benkard EPÜ, Art. 52 EPÜ, Rn 1.
[289] *Einsele*, in: *Bodewig et al.* (Hrsg.), BeckOK Patentrecht, Art. 52 EPÜ, Rn 5; *Melullis*, in: *Ehlers/Kinkeldey* (Hrsg.), Benkard EPÜ, Art. 52 EPÜ, Rn 2.
[290] *Melullis*, in: *Ehlers/Kinkeldey* (Hrsg.), Benkard EPÜ, Art. 53 EPÜ, Rn 4 ff.; *Timke*, Patentierung embryonaler Stammzellen, 246.

Vorschrift werden europäische Patente nicht erteilt für Erfindungen, deren gewerbliche Verwertung gegen die öffentliche Ordnung oder die guten Sitten verstoßen würde, wobei ein solcher Verstoß nicht aus dem innerstaatlichen Verbot der Verwertung durch Gesetz oder Verwaltungsvorschrift resultieren darf. Fraglich bleibt in diesem Zusammenhang, was unter der öffentlichen Ordnung gemäß dem EPÜ zu verstehen ist. Es muss klargestellt werden, dass das EPÜ lediglich ein Völkerrechtsvertrag ist, der an sich kein *ordre public* erschaffen kann.[291] In diesem Rahmen verweist aber die öffentliche Ordnung auf eine Leitlinie außerhalb des Patentrechts.[292] Obwohl das Patentrecht auf europäischer Ebene nach und nach geregelt wird, und zwar durch die Schaffung von minimalen Standards, wird die Frage hinsichtlich der Gewinnung und Verwendung von humanen embryonalen Stammzellen größtenteils auf nationaler Ebene auf verschiedenste Art bewältigt.[293] Zur Lösung des Problems bzgl. der Konkretisierung des *ordre public* kommen daher folgende Ansätze in Betracht: (1) Die nationale Rechtsordnung des betreffenden Vertragsstaats wird als Maßstab verwendet.[294] (2) Mittels Rechtsvergleichung wird ein einheitlicher Maßstab für die Vertragsstaaten gebildet.[295] (3) Ein von den Rechtsordnungen der Vertragsstaaten unabhängiger europäischer Maßstab wird kreiert.[296] Im ersten Fall bestünde das Problem aber weiterhin in der Uneinheitlichkeit der Voraussetzung für die Erteilung eines Patents im Kontext von humanen embryonalen Stammzellen.[297] In Bezug auf den zweiten Vorschlag muss angemerkt werden, dass es sehr viele Vertragsstaaten mit sehr verschiedenen Rechtsordnungen und Moralvorstellungen gibt, was einen enormen Aufwand verursacht, und zwar für eine minimale Erkenntnis, die ggf. nicht ausreicht, um einen einheitlichen Maßstab zu bilden.[298] Lediglich die letzte Lösung erscheint logisch.[299] Allerdings ist es fraglich, ob die letzte Variante auch effektiv ist, da bislang kein einheitlicher

---

[291] *Schatz*, GRUR Int. 2006, 879 (880).
[292] *Timke*, Patentierung embryonaler Stammzellen, 248.
[293] ders.
[294] *Schatz*, GRUR Int. 2006, 870 (880).
[295] *Ann/Kraßer*, Patentrecht, § 15, Rn 13 ff.; *Sattler de Sousa e Brito*, GRUR Int. 2011, 466 (467).
[296] *Herdegen*, GRUR Int. 2000, 859 (860); *Herdegen*, JZ 2000, 633 (637).
[297] *Timke*, Patentierung embryonaler Stammzellen, 248.
[298] vgl. *Ann/Kraßer*, Patentrecht, § 15, Rn 14.
[299] *Timke*, Patentierung embryonaler Stammzellen, 249.

europäischer Konsens über die Rechte und den Status des pränatalen Lebens existiert.

4.3.2 Entscheidungen des Europäschen Patentamts bzgl. Stammzellerfindungen

Das Europäische Patentamt hat die Gelegenheit bekommen, nennenswerte Entscheidungen in Bezug auf die patenthindernde Generalklausel des Art. 53 lit. a EPÜ zu erlassen.

4.3.2.1 Embryonic Stem Cells/University of Edinburgh[300] (Rs. EP 0 695 351)

In diesem Rahmen hat das Europäische Patentamt bzgl. des *ordre public* und der guten Sitten konkretisiert, dass das Zulassen der Verwertung embryonaler Stammzellen durch das innerstaatliche Recht oder Verwaltungsvorschriften nicht *per se* eine ausreichende Voraussetzung für die Prüfung der patenthindernden Generalklausel gemäß Art. 53 lit. a EPÜ sei.[301] Das Europäische Patentamt betont auf bewusste Art, dass die Vertragsstaaten keine einheitliche Ansicht hinsichtlich des Schutzes pränatalen Lebens vertreten.[302] Aus diesem Grund kommt es zum Schluss, dass der einzige Weg zur Gewinnung embryonaler Stammzellen die Vernichtung von Embryonen sei.[303] Denn es sei nicht von Bedeutung, ob es in den Vertragsstaaten diesbezüglich einheitliche Regelungen gebe, da dies nicht zwingend eine Voraussetzung für die Prüfung der patenthindernden Generalklausel sei, sodass ein anderer Ansatz vorzüglicher erscheine.[304] Fraglich bleibt allerdings, welcher Anknüpfungspunkt effizient ist, denn im Falle einer uneinheitlichen Betrachtung existiert ebensowenig ein Konsens bzgl. des Verbots der Forschung an humanen embryonalen Stammzellen.[305] Wenn nämlich keine einheitliche Betrachtung existiert, dann kann es auch kein einheitliches Verwertungsverbot geben, welches gemäß Art. 27 II des TRIPS-Abkommens ein ‚Muss' für die Erteilung eines Patentverbots darstellt.[306] Das Europäische Patentamt hat aber vorliegend weder die Oviedo

---

[300] EPA, Entscheidung d. Einspruchsabteilung v. 4.7.2002, Rs. EP 0 695 351, Mitteilungen der deutschen Patentanwälte 2003, 502 ff.
[301] ders., 502 (506), Ziffer 2.5.2.
[302] ders.
[303] ders.
[304] ders.
[305] *Timke*, Patentierung embryonaler Stammzellen, 264.
[306] ders.

Konvention noch die EMRK als Maßstab zur Interpretation von Art. 53 lit. a EPÜ herangezogen.[307]

4.3.2.2 Verwendung von Embryonen/WARF[308] (Rs. G 2/06)

Vorliegend sind zur Präzisierung von Patentverboten Rechtsvorschriften als Interpretationsmaßstab herangezogen worden.[309] Das Europäische Patentamt stellt eindeutig klar, dass im Kontext der Biopatent-Richtlinie sowie des EPÜ die Patentierung verboten wird im Falle der Verwendung eines menschliches Embryos zu industriellen oder kommerziellen Zwecken.[310] Der Schutz der Menschenwürde werde mittels der selektiven Vorgehensweise der EU im Rahmen der finanziellen Förderung der Stammzellforschung begründet.[311] Das Europäische Patentamt weicht der Frage bzgl. der Auslegung des *ordre public* und der guten Sitten i.S.v. Art. 53 lit. a EPÜ aus, indem es argumentiert, dass es im vorliegenden Fall nicht notwendig und erst recht nicht angemessen sei, über die Auslegung des Maßstabs für die öffentliche Ordnung und die guten Sitten, die Handhabung der Praxis verschiedener Länder bzgl. der verbrauchenden Embryonenforschung, *etc.* zu diskutieren.[312]

4.4 Vereinbarkeit der Patentierung embryonaler Stammzellen mit den Menschenrechten

Nach der umfassenden Analyse bleibt es trotz allem fraglich, ob die Rechte des ungeborenen Lebens im Zusammenhang mit dem Patentierungsvorhaben in Europa beachtet werden. Im Rahmen des TRIPS-Abkommens sticht eindeutig der Ausgestaltungsspielraum der Vertragsstaaten in Bezug auf die Auslegung hervor, was allerdings zur uneinheitlichen Regelung der Materie in Europa und dementsprechend zur Rechtsunsicherheit in diesem komplexen Bereich führt. Wenn aber die Forschung in einem Vertragsstaat gemäß dem TRIPS-Abkommen erlaubt ist, so ist logischerweise auch die Patentierung des Verfahrens oder des Resultats infolge des

---

[307] ders.

[308] EPA, Entscheidung der Großen Beschwerdekammer v. 25.11.2008, Rs. G 2/06, ABl. des EPA 2009, 306 ff.

[309] *Timke*, Patentierung embryonaler Stammzellen, 264.

[310] EPA, Entscheidung der Großen Beschwerdekammer v. 25.11.2008, Rs. G 2/06, ABl. des EPA 2009, 306 (324 (Ziffer 18)).

[311] ders.

[312] ders., 306 (330 (Ziffer 31)).

Verwertungsgebots zu erlauben. Eine konkrete Heranziehung der europäischen Menschenrechte des ungeborenen Lebens findet im TRIPS-Abkommen nicht wirklich statt.

Auch wenn die Biopatent-Richtlinie den Embryonenbegriff nicht legaldefiniert, so enthält er zumindest einen abgestuften Rechtsschutz für das werdende Leben insoweit, als einige Arten humaner embryonaler Stammzellen vor der Forschung und Patentierung geschützt werden. Die Auslegung der patenthindernden Generalklausel wird hier ebenso durch den Konkretisierungsspielraum der Mitgliedstaaten geregelt. Ein ausdrückliches Patentverbot bzgl. Embryonen gilt zumindest hinsichtlich industrieller und kommerzieller Zwecke. Auch wenn der *in utero* Embryo i.S.d. Biopatent-Richtlinie als Bestandteil des menschlichen Körpers ganzheitlich geschützt wird, steht den totipotenten *in vitro* Embryonen immerhin ein - wenn auch eingeschränkter - Mindestschutz zu. Zwar wird einigen Mitgliedstaaten die Verletzung von (Mindest-)Unionsgrundrechten des pränatalen Lebens sowie die Unsicherheit der Rechtslage vorgeworfen, aber der EuGH hat nichtsdestotrotz die Biopatent-Richtlinie für zulässig, anwendbar und unionsrechtskonform erklärt. Die europäischen Richter bleiben allerdings hinsichtlich der Definition des Embryonenbegriffs zurückhaltend und lassen den nationalen Richtern bzgl. humaner embryonaler Stammzellen einen weiten Ausgestaltungsspielraum. Dies führt indes zum weitergehenden europäischen Dissens in dieser sensiblen Materie.

Das Europäische Patentübereinkommen gibt auch keine eindeutigen Anhaltspunkte hinsichtlich der Beachtung von Rechten des werdenden Lebens im Zusammenhang mit der Patentierbarkeit von Verfahren und Erzeugnissen unter deren Verwendung und Gewinnung. Freilich enthält dieser Vertrag ebenfalls eine patenthindernde Generalklausel, die aber weder vonseiten des Europäischen Patentamtes definiert noch mittels der Heranziehung menschenrechtlicher Maßstäbe konkretisiert wird. Dementgegen werden in der Literatur verschiedene Lösungsansätze vorgeschlagen, jedoch erscheint die jeweilige Herangehensweise weder effizient noch nachhaltig noch realisierbar.

5 Gesamtwürdigung

Was macht den geborenen Menschen so besonders, dass er gegenüber ungeborenem Leben wenige bis keine Rechte anerkennt? Wieso denkt der Mensch viel mehr an sich selbst statt an andere menschliche Lebewesen? Schlussendlich kann festgehalten werden, dass es auf der europäischen Ebene keinen einheitlichen Grundkonsens hinsichtlich des Rechtsschutzes des pränatalen Lebens gibt. Die Rechtsprechung spricht den Embryonen nur Rechte zu, wenn diese auch auf der nationalen Ebene Rechtsträger sein können. Abgesehen davon existiert keine konstante Regelung in dieser Materie auf europäischer Ebene. Denn die betreffenden Staaten führen keine einheitliche Auslegung der Rechte des ungeborenen Lebens durch, was die Rechtsunsicherheit und den Dissens bzgl. dieser Thematik auf der europäischen Ebene fördert. Hieraus folgt, dass auf diese Art keine übereinstimmende Zuerkennung von Rechten hinsichtlich des ungeborenen Lebens auf europäischer Ebene stattfinden kann.

Auch im Kontext der europäischen Forschung kollidieren die menschlichen Interessen mit den embryonalen Mindestrechten. In diesem Bereich wird die Zulässigkeit der Embryonenforschung ebenso den betreffenden Staaten überlassen, die gerade aufgrund der nicht existierenden europäischen Übereinstimmung einen enormen Einschätzungsspielraum genießen. Dabei muss angemerkt werden, dass *in utero* Embryonen - beispielsweise über die Mutter - eine viel höhere rechtliche Schutzchance genießen können als *in vitro* Embryonen, die nicht mehr zu Einpflanzungszwecken, sondern lediglich zu Forschungszwecken existieren. Aber auch bei der Patentierbarkeit humaner embryonaler Stammzellen ist zu bemerken, dass das werdende Leben keinen ganzheitlichen Rechtsschutz genießt. Zwar werden zumindest totipotente menschliche embryonale Stammzellen geschützt, aber die pluripotenten embryonalen Stammzellen werden weder verschont noch anderweitig geschützt allein aufgrund der Tatsache, dass diese sich gerade nicht mehr zu einem ganzheitlichen menschlichen Körper weiterentwickeln können. Im europäischen Patentrecht werden ebensowenig europäische Grund- und Menschenrechte zur Füllung von Rechtslücken in Bezug auf den Embryonenschutz herangezogen. Der enorme Konkretisierungsspielraum der Staaten wird durch die zurückhaltende Einstellung der rechtsprechenden Körper in dieser sensiblen Materie gefördert.

Ein effizienter Ansatz besteht darin, dass die patenthindernde Generalklausel künftig in den genannten Dokumenten andersartig formuliert wird, sowie im Verzichten auf die Kodifizierung beispielhaft aufgezählter Patentverbote.³¹³ Um einen einheitlichen europäischen Grundkonsens erreichen zu können, sollte diese Klausel einerseits an die rechtlichen Maßstäbe und andererseits an europäische Rechtsprinzipien anknüpfen.³¹⁴ Dazu müssen jedoch einheitliche europäische Mindestgarantien für das pränatale Leben existieren. Wie oben schon dargestellt, kann ein erster Schritt zur Schaffung einer europäischen allgemeinen Basis hinsichtlich des Embryonenschutzes beispielsweise durch die Anerkennung des Lebensschutzes von Embryonen als Gemeinschaftsgut erreicht werden, da es dann möglich wäre, dieses auf europäischer Ebene anerkannte Recht mit der Forschungsfreiheit als gleichrangig anzusehen und konkrete Schutzvorschriften zu erlassen, welche die Rechte des ungeborenen Lebens garantieren.³¹⁵

---

[313] *Timke*, Patentierung embryonaler Stammzellen, 436.
[314] ders.
[315] *Haßmann*, Embryonenschutz, 262 f.

Literaturverzeichnis

Albers, Marion Die rechtlichen Standards der Biomedizin-Konvention des Europarates, Europarecht 2002, 801-830.(zitiert als: *Albers*, EuR 2002, 801 (...))

Albers, Marion„Patente auf Leben", JuristenZeitung 2003, 275-284.(zitiert als: *Albers*, JZ 2003, 275 (...))

Ann, Christoph/Kraßer, Rudolf Patentrecht, Lehrbuch zum deutschen und europäischen Patentrecht und Gebrauchsmusterrecht, 7. Auflage, München 2016.(zitiert als: *Ann/Kraßer*, Patentrecht, § ..., Rn ...)

Arzneimittelkommission der Deutschen Ärzteschaft Pharmakovigilanz, Arzneiverordnung in der Praxis,AVP-Sonderheft der Arzneimittelkommission der Deutschen Ärzteschaft, 1. Auflage 2005.(zitiert als: *Arzneimittelkommission der Deutschen Ärz-teschaft*, Pharmakovigilanz, ...)

Bates, Ed/Buckley, Carla/Harris, David/O'Boyle, Michael Law of the European Convention on Human Rights,Third Edition, Oxford (UK) 2014.(zitiert als: *Bates et al.*, Law of the ECHR, ...)

Batista, Pedro Henrique D. Zur Patentierung menschlicher embryonaler Stammzel-len - kritische Würdigung der Entscheidung des EuGH im Fall *Brüstle*, Gewerblicher Rechtsschutz und Urhe- berrecht Internationaler Teil 2013, 514-524. (zitiert als: *Batista*, GRUR Int. 2013, 514 (...))

Beckmann, Rainer Kaum absehbare Auswirkungen, Deutsches Ärzteblatt 98, 6.4.2001, A-902 - A-903, https://www.aerzteblatt.de/pdf .asp?id=26706 (abgerufen am: 4.6.2018). (zitiert als: *Beckmann*, Deutsches Ärzteblatt 98 (2001), A-902 (...))

Benda, Ernst Verständigungsversuche über die Würde des Menschen, Neue Juristische Wochenschrift 2001, 2147-2148.(zitiert als: *Benda*, NJW 2001, 2147 (...))

Beyleveld, Deryck/Brownsword, Roger Human Dignity, Human Rights and Human Genetics, The Modern Law Review 1998, 661-680.(zitiert als: Beyleveld/Brownsword, Modern Law Re-view 1998, 661 (...))

Blau, Kerstin Neuere Entwicklungen in der Schutzpflichtdogmatik des EGMR am Beispiel des Falles „Vo/Frankreich", Zeitschrift für Europarechtliche Studien 2005, 397-440.(zitiert als: *Blau*, ZEuS 2005, 397 (...))

Bobsien, Corinna Odine Die Zulässigkeit von Herstellung, Nutzung, Import und Implantation nukleozytoplasmatischer Mensch-Tier-Hybride aus rechtlicher und rechtspolitischer Sicht, Berlin 2016. (zitiert als: *Bobsien*, Mensch-Tier-Hybride, ...)

Bodewig, Theo/Fitzner, Uwe/Lutz, Raimund Beck'scher Online Kommentar, BeckOK Patentrecht, 6. Edition, München 2017, https://beck-online.beck.de/?vpath=bibdata%2fkomm%2fbeckokpatr_6%2fcont %2fBECKOK-PATR%2ehtm (abgerufen am: 12.9.2018) (zitiert als: *Bearbeiter*, in: *Bodewig et al.* (Hrsg.),BeckOK Patentrecht, Art. ..., Rn ...)

Brewe, Manuela Embryonenschutz und Stammzellgesetz, Rechtliche Aspekte der Forschung mit embryonalen Stammzellen, Berlin 2006.(zitiert als: *Brewe*, Embryonenschutz und Stammzell-gesetz, ...)

Broman, Ivar Die Entwicklung des Menschen vor der Geburt, Ein Leitfaden Zum Selbststudium der Menschlichen Embryologie, Heidelberg 1927.(zitiert als: *Broman*, Die Entwicklung des Menschen vor der Geburt, ...)

Brüstle, Oliver/Nolden, Lars Humane embryonale Stammzellen, Perspektiven für die Erforschung und Therapie neurologischer Erkrankungen, Bundesgesundheitsblatt 2008, 1026-1032, https://link.springer.com/content/pdf/10.1007%2Fs00103-008-0631-5.pdf (abgerufen am: 3.8.2018).(zitiert als: *Brüstle/Nolden*, Bundesgesundheitsblatt 2008, 1026 (...))

Calliess, Christian Europa als Wertegemeinschaft - Integration und Iden-tität durch europäisches Verfassungsrecht?, Juristen-Zeitung 2004, 1033-1045.(zitiert als: *Calliess*, JZ 2004, 1033 (...))

Calliess, Christian/Ruffert, Matthias EUV/AEUV, Das Verfassungsrecht der Europäischen Union mit Europäischer Grundrechtecharta, Kommentar, 5. Auflage, München 2016. (zitiert als: *Bearbeiter*, in: *Calliess/Ruffert*, EUV/AEUV, Art. ..., Rn ...)

Cannawurf-Wetzel, Christine Ulrike Das Stammzellgesetz auf dem Prüfstand der Welthan- delsorganisation, Frankfurt am Main 2008. (zitiert als: *Cannawurf-Wetzel*, Stammzellgesetz auf dem Prüfstand der WTO, ...)

Dederer, Hans-Georg Patentierbarkeit der Forschungsergebnisse im Zusammenhang mit human-embryonalen Stammzellen, insbesondere mit dem sog. therapeutischen Klonen - Aspekte des deutschen und europäischen Rechts, in: Ganea, Peter/Shin, Yu-Cheol/Straus, Joseph (Hrsg.), Patentschutz und Stammzellforschung, Internationale und rechtsvergleichende Aspekte, Berlin 2009, 11-63.(zitiert als: *Dederer*, in: *Ganea et al.* (Hrsg.), Patentschutz und Stammzellforschung, 11 (...))

Dietrich, Jens-Erik/Hiiragi, Zufall,Takashi Vom Ei zum Embryo: Die erste Weiche stellt der Jahrbuch 2007/2008, Max-Planck-Institut für molekulare Biomedizin, Münster, 1-6, https://www.mpg.de/375 661/pdf.pdf (abgerufen am: 3.6.2018).(zitiert als: *Dietrich/Hiiragi*, Vom Ei zum Embryo, ...)

Ehlers, Jochen/Kinkeldey, Ursula Benkard Europäisches Patentübereinkommen, Band 4a, 2. Auflage, München 2012.(zitiert als: *Bearbeiter*, in: *Ehlers/Kinkeldey* (Hrsg.), Benkard EPÜ, Art. ..., Rn ...)

Ekardt, Felix/Kornack, Daniel „Europäische" und „deutsche" Menschenwürde und die europäische Grundrechtsinterpretation, Zugleich zur Gentechnik-Forschungsförderung und zum Verhältnis der verschiedenen EU-Grundrechtsquellen, Zeitschrift für Europarechtliche Studien 2010, 111-144.(zitiert als: *Ekardt/Kornack*, ZEuS 2010, 111 (...))

Feldges, Joachim Ende des absoluten Stoffschutzes? Zur Umsetzung der Biotechnologie-Richtlinie, Gewerblicher Rechtsschutz und Urheberrecht 2005, 977-984.(zitiert als: *Feldges*, GRUR 2005, 977 (...))

Frahm, Katharina/Gebauer, Jochen Patent auf Leben? - Der Luxemburger Gerichtshof und die Biopatent-Richtlinie, Europarecht 2002, 78-95.(zitiert als: *Frahm/Gebauer*, EuR 2002, 78 (...))

Fritsch, Helga/Pechriggl, Elisabeth, Hörmann, Romed Embryonale Entwicklung, in: Toth, Bettina (Hrsg.), Fehlgeburten Totgeburten Frühgeburten, Ursachen, Prävention und Therapie, Heidelberg 2017, 19-24.(zitiert als: *Fritsch et al.*, in: *Toth* (Hrsg.), Fehlgeburten Totgeburten Frühgeburten, 19 (...))

Frowein, Jochen/Peukert, Wolfgang Europäische Menschenrechtskonvention, EMRK- Kommentar, 3. vollständig und neu bearbeitete Auflage, Kehl am Rhein 2009.(zitiert als: *Bearbeiter*, in: *Frowein/Peukert* (Hrsg.), EMRK Kommentar, Art ..., Rn ...)

Giesen, Richard Internationale Maßstäbe für die Zulässigkeit medizini-scher Heil- und Forschungseingriffe, Das Vorhaben einer europäischen Bioethik-Konvention, Medizinrecht 1995, 353-359.(zitiert als: *Giesen*, MedR 1995, 353 (...))

Grabenwarter, Christoph Die Charta der Grundrechte für die Europäische Union, Das Deutsche Verwaltungsblatt 2001, 1-13.(zitiert als: *Grabenwarter*, DVBl. 2001, 1 (...))

Grabenwarter, Christoph/Pabel, Katharina Europäische Menschenrechtskonvention, Ein Studien- buch, 6. Auflage, München 2016.(zitiert als: *Grabenwarter/Pabel*, EMRK, § ... Rn ...)

Groh, Thomas/Lange-Bertalot, Nils Der Schutz des Lebens Ungeborener nach der EMRK, Neue Juristische Wochenschrift 2005, 713-716.(zitiert als: *Groh/Lange-Bertalot*, NJW 2005, 713 (...))

Grund, Martin Patentrecht, EuGH verbietet Patentierung von humanen embryonalen Stammzellen, BIO*spektrum* 07.11, 832, https://www.biospektrum.de/blatt/d_bs_pdf&_id=1128971 (abgerufen am: 12.9.2018).(zitiert als: *Grund*, BIO*spektrum* 07.11, 832 (...))

Haskamp, Thomas Embryonenschutz in vitro, Offene Fragen und Regelungsalternativen im deutschen und internationalen Recht, Hamburg 2012.(zitiert als: *Haskamp*, Embryonenschutz in vitro, ...)

Haßmann, Holge Embryonenschutz im Spannungsfeld internationaler Menschenrechte, staatlicher Grundrechte und nationaler Regelungsmodelle zur Embryonenforschung, Berlin 2003.(zitiert als: *Haßmann*, Embryonenschutz, ...)

Heinemann, Antje-Katrin/Löllgen Noëmi Die Umsetzung der Europäischen Geweberichtlinie durch das deutsche Gewebegesetz, Neuerungen und Auswirkungen in der Praxis, Pharma Recht 2007, 183-189.(zitiert als: *Heinemann/Löllgen*, PharmR 2007, 183 (...))

Heinemann, Antje-Katrin/Schickert Jörg Tissue Engineering – die Normierung eines neuen Bereichs des Arzneimittelrechts, Pharma Recht 2006, 408-415.(zitiert als: *Heinemann/Schickert*, PharmR 2006, 408 (...))

Heinemann, Thomas/Kersten, Jens Stammzellforschung, Naturwissenschaftliche, rechtliche und ethische Aspekte, München 2007.(zitiert als: *Bearbeiter*, in: *Heinemann/Kersten* (Hrsg.), Stammzellforschung, ...)

Herdegen, Matthias Die Erforschung des Humangenoms als Herausforde rung für das Recht, JuristenZeitung 2000, 633-641.(zitiert als: *Herdegen*, JZ 2000, 633 (...))

Herdegen, Matthias Die Patentierbarkeit von Stammzellenverfahren nach der Richtlinie 98/44/EG, Gewerblicher Rechtsschutz und Urheberrecht Internationaler Teil 2000, 859-863.(zitiert als: *Herdegen*, GRUR Int. 2000, 859 (...))

Herrmann, Janne Rothmar/Row landson, Malene The Role of Ethics and Morality in EU Law, Journal of International Biotechnology Law 2008, 241-251.(zitiert als: *Herrmann/Rowlandson*, JIBL 2008, 241(...))

Heselhaus, Sebastian/Nowak, Carsten Handbuch der Europäischen Grundrechte, München 2006.(zitiert als: *Bearbeiter*, in: *Heselhaus/Nowak* (Hrsg.),Handbuch GR, § ... Rn ...)

Honnefelder, Ludger Biomedizinische Ethik und Globalisierung. Zur Problematik völkerrechtlicher Grenzziehung am Beispiel der Menschenrechtskonvention zur Biomedizin des Europarates, in: Eser, Albin (Hrsg.), Biomedizin und Menschenrechte, Frankfurt am Main 1999, 38-58.(zitiert als: *Honnefelder*, in: *Eser* (Hrsg.), Biomedizin und Menschenrechte, 38 (...))

Hübner, Marlis/Middel, Claus Dieter/Pühler, Wiebke Regelungssystematische Vorschläge zur Umsetzung der Richtlinie 2004/23/EG (Geweberichtlinie), Medizinrecht 2007, 16-21.(zitiert als: *Hübner et al.*, MedR 2007, 16 (...))

Ipsen, Jörn Verfassungsrecht und Biotechnologie, Deutsches Verwaltungsblatt 2004, 1381-1386.(zitiert als: *Ipsen*, DVBl 2004, 1381 (...))

Ipsen, Jörn Zur Zukunft der Embryonenforschung, Neue Juristische Wochenschrift 2004, 268-270.(zitiert als: *Ipsen*, NJW 2004, 268 (...))

Jarass, Hans D.Charta der Grundrechte der Europäischen Union, unter Einbeziehung der vom EuGH entwickelten Grundrechte, der Grundrechtsregelungen der Verträge und der EMRK, Kommentar, 3. Auflage, München 2016.(zitiert als: *Bearbeiter*, in: *Jarass* (Hrsg.), GR, Art. ..., Rn ...)

Kendziur, Daniel/Klein, Fabian Keine Patentierung bei Verwendung embryonaler Stammzellen, Gewerblicher Rechtsschutz und Urheberrecht, Praxis im Immaterialgüter- und Wettbewerbsrecht 2011, 494-495.(zitiert als: *Kendziur/Klein*, GRUR-Prax 2011, 494 (...))

Kern, Bernd-Rüdiger Die Bioethik-Konvention des Europarates - Bioethik versus Arztrecht?, Medizinrecht 1998, 485-490.(zitiert als: *Kern*, MedR 1998, 485 (...))

Kiriakaki, Irini Der Schutz des Menschen und des Embryos in vitro in der medizinischen Forschung, Eine rechtsvergleichende Untersuchung des Menschenrechtsübereinkommens zur Biomedizin, des griechischen und des deutschen echts, Baden-Baden 2007.(zitiert als: *Kiriakaki*, Embryonenschutz, ...)

Koenig, Christian/Müller, Eva Maria Die Legaldefinition des Embryos gemäß § 8 Abs. 1 EschG - Grenzfälle regenerativer Zellforschung am Maßstab des deutschen Embryonenschutzgesetzes sowie der Vorgaben des Menschenrechtsübereinkommens zur Biomedizin, Pharma Recht 2005, 19-30.(zitiert als: *Koenig/Müller*, PharmR 2005, 19 (...))

Kreß, Hartmut Forschung ja - Anwendung nein? Medizinische, pharmakologische und toxikologische Nutzung humaner embryonaler Stammzellen in ethischer Sicht, Bundesgesundheitsblatt 2008, 965-972, https://link.springer.com/content/pdf/10.1007%2Fs00103-008-0623-5.pdf (abgerufen am: 4.9.2018).(zitiert: *Kreß*, Bundesgesundheitsblatt 2008, 965 (...))

Kunczik, Niclas Geistiges Eigentum an genetischen Informationen, Das Spannungsfeld zwischen geistigen Eigentumsrechten und Wissens- sowie Technologietransfer beim Schutz genetischer Informationen, Baden-Baden 2007.(zitiert als: *Kunczik*, Geistiges Eigentum an genetischen Informationen, ...)

Llewelyn, Margaret The Legal Protection of Biotechnological Inventions: An Alternative Approach, European Intellectual Property Review 1997, 115-127.(zitiert als: *Llewelyn*, EIPR 1997, 115 (...))

Lütjen-Drecoll, Elke/Rohen, Johannes W. Auflage, Funktionelle Embryologie, Die Entwicklung der Funktionssysteme des menschlichen Organismus, 5.Stuttgart 2017.(zitiert als: *Lütjen-Drecoll/Rohen*, Funktionelle Embryologie, ...)

Meiser, Christian Biopatentierung und Menschenwürde, Baden-Baden 2006. (zitiert als: *Meiser*, Biopatentierung und Menschenwürde, ...)

Meyer, Jürgen Charta der Grundrechte der Europäischen Union, 4. Auflage, Baden-Baden 2014.(zitiert als: *Bearbeiter*, in: *Meyer* (Hrsg.), GRC, Art. ..., Rn ...)

Müller-Jung, Joachim Wir blicken auf das Leben an seinen Fäden, Spektakuläre Bilder aus dem frühesten Embryo beflügeln die Forscher und fordern den Gesetzgeber heraus: Beginnt Menschsein später?, Frankfurter Allgemeine Zeitung Nr. 160 v. 13.7.18, 9.(zitiert als: *Müller-Jung*, Wir blicken auf das Leben an seinen Fäden, FAZ Nr. 160 v. 13.7.18, 9)

Müller-Terpitz, Ralf Der Schutz des pränatalen Lebens, Eine verfassungs-, völker- und gemeinschaftsrechtliche Statusbetrachtung an der Schwelle zum biomedizinischen Zeitalter, Tü   bingen 2007.(zitiert als: *Müller-Terpitz*, Schutz des pränatalen Lebens, ...)

N.N. Totipotenz, Pluripotenz und Multipotenz, https://zellux.net/m.php?sid=71 (abgerufen am: 11.9.2018)(zitiert als: www.zellux.net)

N.N.Welt am Sonntag: Darf der Mensch Gott spielen? Veröffentlicht am 19.5.2013, https://www.welt.de/116330794 (abgerufen am: 31.7.2018).(zitiert: Welt am Sonntag: Darf der Mensch Gott spielen?)

Pache, Eckhard/Rösch, Franziska Die neue Grundrechtsordnung der EU nach dem Vertrag von Lissabon, Europarecht 2009, 769-790.(zitiert als: *Pache/Rösch*, EuR 2009, 769 (...))

Pannenbecker, Arnd Verhältnis der Richtlinien 2004/23/EG und 2006/17/EG gegenüber abweichenden Anforderungen der §§ 13 ff. AMG und der PharmBetrV/AMWHV für Stellen, die menschliche Gewebe oder Zellen zum Zweck der Arzneimittelherstellung entnehmen, Pharma Recht 2006, 363-375.(zitiert als: *Pannenbecker*, PharmR 2006, 363 (...))

Petersen, Niels/Vöneky, Von Silja Der rechtliche Status des menschlichen extrakorporalen Embryos: Das Recht der Europäischen Union, Europarecht 2006, 340-369.(zitiert als: *Petersen/Vöneky*, EuR 2006, 340 (...))

Plomer, Aurora Towards Systemic Legal Conflict: Article 6(2)(c) of the EU Directive on Biotechnological Inventions, in: Plomer, Aurora/Torremans, Paul (Hrsg.), Embryonic Stem Cell Patents, European Law and Ethics, New York (USA) 2009, 173-202.(zitiert als: *Plomer*, in: *Plomer/Torremans* (Hrsg.), Embryonic Stem Cell Patents, 173 (...))

Radau, Wiltrud Christine Die Biomedizinkonvention des Europarates, Humanforschung - Transplantationsmedizin - Genetik - Rechtsanalyse und Rechtsvergleich, Berlin 2006.(zitiert als: *Radau*, Biomedizinkonvention, ...)

Rager, Günter Der Stand der Forschung zum Status des menschlichen Embryos, in: Holderegger, Adrian/Pahud de Mortanges, René (Hrsg.), Embryonenforschung, Embryonenverbrauch und Stammzellforschung, Ethische und rechtliche Aspekte, Symposium zum 60. Geburtstag von Giusep Nay, Bundesrichter, Freiburg (Schweiz) 2003, 11-23.(zitiert als: *Rager*, in: *Holderegger/Pahud de Mortanges* (Hrsg.), Embyronenforschung, Embryonenverbrauch und Stammzellforschung, ...)

Raue, Paul-Josef Der Mensch spielt Gott: Warum schafft es Wissenschaft so selten auf die Titelseite der Zeitungen? in: Aktuelles, G 22 Warum Informieren schwierig ist, L 46 Wer hat die Macht?, L 47 Newsdesk und Ressorts, Das neue Handbuch des Journalismus und Online-Journalismus, veröffentlicht am 6.12.2015, http://www.journalismushandbuch.de/der-mensch-spielt-gott-warum-schafft-eswissenschaft-so-selten-auf-die-titelseite-der-zeitungen-7501.html (abgerufen am 3.6.2018).(zitiert als: *Raue*, Der Mensch spielt Gott)

Rolf, Sibylle Embryonenforschung, Über den Umgang mit menschlichem Leben, In Deutschland und Großbritannien wird die Zulassung der Forschung an humanen embryonalen Stammzellen unterschiedlich geregelt. Vor allem bezogen auf den Menschenwürde-Begriff ergeben sich tiefgreifende Unterschiede. Deutsches Ärzteblatt 107, 12.3.2010, A-438 - A-440, https://www.aerzteblatt.de/pdf.asp?id=68068 (abgerufen am 4.6.2018).(zitiert als: *Rolf*, Deutsches Ärzteblatt 107 (2010), A-438 (...))

Ruster, Andreas Patentschutz für menschliche Stammzellen, Eine rechtsvergleichende Untersuchung der ethischen und ökonomischen Grenzen der Patentierung pluripotenter Stammzellen, Tübingen 2015.(zitiert als: *Ruster*, Patentschutz für menschliche Stammzellen, ...)

Sattler de Sousa e Brito, Clara Europäische Union - Schlussanträge des Generalanwalts in der Rs. *Brüstle ./. Greenpeace* (C-34/10), Gewerblicher Rechtsschutz und Urheberrecht Internationaler Teil 2011, 166-167.(zitiert als: *Sattler de Sousa e Brito*, GRUR Int. 2011, 466 (...))

Satzger, Helmut Der Einfluss der EMRK auf das deutsche Straf- und Strafprozessrecht - Grundlagen und wichtige Einzelprobleme, Juristische Ausbildung 2009, 759-768.(zitiert als: *Satzger*, Jura 2009, 759 (...))

Schatz, Ulrich Öffentliche Ordnung und gute Sitten im europäischen Patentrecht - Versuch einer Flurbereinigung, Gewerblicher Rechtsschutz und Urheberrecht Internationaler Teil 2006, 879-889.(zitiert als: *Schatz*, GRUR Int. 2006, 879 (...))

Schilling, Theodor Internationaler Menschenrechtsschutz, Das Recht der EMRK und des IPbpR, 3. erweiterte und überarbeitete Auflage, Tübingen 2016.(zitiert als: *Schilling*, Internationaler Menschenrechtsschutz, Rn ...)

Schmidt, Laura V. Der Schutz der Menschenwürde als „Fundament" der EU-Grundrechtscharta unter besonderer Berücksichtigung der Rechte auf Leben und Unversehrtheit, Zeitschrift für Europarechtliche Studien 2002, 631-662.(zitiert als: *Schmidt*, ZEuS 2002, 631 (...))

Schulz, Stefan Schleichende Harmonisierung der Stammzellforschung in Europa? Europarat und Europäische Ethik-Räte könnten Ansätze zu gemeinsamen Standards bieten, Zeitschrift für Rechtspolitik 2001, 526-529.(zitiert als: *Schulz*, ZRP 2001, 526 (...))

Seith, Carola Status und Schutz des extrakorporalen Embryos, Eine rechtsvergleichende Studie, Baden-Baden 2007.(zitiert als: *Seith*, Extrakorporaler Embryo, ...)

Spickhoff, Andreas Medizinrecht, 2. Auflage, München 2014, https://beck-online.beck.de/?vpath=bibdata/komm/SpickhoffKoMedR_2/cont/SpickhoffKoMedR%2Ehtm (abgerufen am: 6.8.2018).(zitiert als: *Bearbeiter*, in: *Spickhoff* (Hrsg.), Medizin recht, Art. ..., Rn ...)

Starck, Christian Verfassungsrechtliche Grenzen der Biowissenschaft und Fortpflanzungsmedizin, JuristenZeitung 2002, 1065-1072.(zitiert als: *Starck*, JZ 2002, 1065 (...))

Starck, Christian Ist die finanzielle Förderung der Forschung an embryonalen Stammzellen durch die Europäische Gemeinschaft rechtlich zulässig?, Europarecht 2006, 1-25.(zitiert als: *Starck*, EuR 2006, 1 (...))

Stern, Klaus/Tettinger, Peter J. Kölner Gemeinschaftskommentar zur Europäischen Grundrechte-Charta, München 2006.(zitiert als: *Bearbeiter*, in: *Stern/Tettinger*, Kölner Gemeinschaftskommentar zur GRC, Art. ..., Rn ...)

Straus, Joseph Bedeutung des TRIPS für das Patentrecht, Gewerblicher Rechtsschutz und Urheberrecht Internationaler Teil 1996, 179-205.(zitiert als: *Straus*, GRUR Int. 1996, 179 (...))

Streinz, Rudolf EUV/AEUV, Vertrag über die Europäische Union, Vertrag über die Arbeitsweise der Europäischen Union, Charta der Grundrechte der Europäischen Union, 3.Auflage, München 2018.(zitiert als: *Bearbeiter*, in: *Streinz* (Hrsg.), EUV/AEUV, Art. ..., Rn ...)

Timke, Jan Die Patentierung embryonaler Stammzellen, Baden-Baden 2014. (zitiert als: *Timke*, Patentierung embryonaler Stammzellen, ...)

Van den Bossche, Peter/Zdouc, Werner The Law and Policy of the World Trade Organization, Text, Cases and Materials, Cambridge (UK) 2017.(zitiert als: *Van den Bossche/Zdouc*, Law and Policy of the WTO, ...)

Van Overwalle, Geertrui Legal and Ethical Aspects of Bio-Patenting. Critical Analysis of the EU Biotechnology Directive, in: Baumgartner, Christoph/Mieth, Dietmar (Hrsg.), Patente am Leben? Ethische, rechtliche und politische Aspekte der Biopatentierung, 145-157.(zitiert als: *Van Overwalle*, in: *Baumgartner/Mieth* (Hrsg.), Patente am Leben?, 145 (...))

Verdier-Büschel, Isabell Patentierbarkeit von human-embryonalen Stammzellen in Europa (Fall „Brüstle"), Zeitschrift für Lebensrecht 2012, 120-123.(zitiert als: *Verdier-Büschel*, ZfL 2012, 120 (...))

Wallau, Philipp Die Menschenwürde in der Grundrechtsordnung der Europäischen Union, Göttingen 2010, https://bonndoc.ulb.uni-bonn.de/xmlui/bitstream/handle/20.500.11811/532/bup_bra_nf_4.pdf?sequence=4&isAllowed=y (abgerufen am: 3.8.2018).(zitiert als: *Wallau*, Menschenwürde in der Grundrechtsordnung der EU, ...)

Wiesing, Urban Ungeborenes Leben, Widersprüchliche Regelungen, Die unterschiedlichen Auffassungen zum Lebensrecht des Embryos lassen sich nicht miteinander vereinbaren, Deutsches Ärzteblatt 96, 10.12.1999, A-3163 - A-3166, https://www.aerzteblatt.de/pdf.asp?id=20322 (abgerufen am 3.6.2018)(zitiert als: *Wiesing*, Deutsches Ärzteblatt 96 (1999), A-3136 (...))

Zacher, Hans F. Forschungsfreiheit und Forschungsförderung in Europa, in: Martinek, Michael/Schmidt, Jürgen/Wadle, Elmar (Hrsg.), Festschrift für Günther Jahr zum siebzigsten Geburtstag, VESTIGIA IURIS, Tübingen 1993, 199-219.(zitiert als: *Zacher*, in: *Martinek et al.* (Hrsg.), Festschrift für Günther Jahr zum 70. Geburtstag, 199 (...))